阅读推广人系列教材（第六辑）

中国图书馆学会　编
王余光　霍瑞娟　李东来　总主编

传统文化与阅读推广

主　编　张岩

Traditional Culture
and
Reading Promotion

朝華出版社
BLOSSOM PRESS

图书在版编目（CIP）数据

传统文化与阅读推广/张岩主编 . -- 北京：朝华
出版社，2022.3
阅读推广人系列教材 . 第六辑
ISBN 978-7-5054-4577-2

Ⅰ . ①传… Ⅱ . ①张… Ⅲ . ①中华文化—教材②图书
馆—读书活动—教材 Ⅳ . ① K203 ② G252.17

中国版本图书馆 CIP 数据核字（2021）第 241352 号

传统文化与阅读推广

主　　编　张　岩

选题策划　张汉东
责任编辑　刘小磊
责任印制　陆竞赢　崔　航

出版发行　朝华出版社
社　　址　北京市西城区百万庄大街 24 号　　　　邮政编码　100037
出版合作　（010）68995532
订购电话　（010）68996050　68996618
传　　真　（010）88415258（发行部）
联系版权　zhbq@cipg.org.cn
网　　址　http：//zhcb.cipg.org.cn
印　　刷　天津融正印刷有限公司
经　　销　全国新华书店
开　　本　710mm×1000mm　1/16　　　　字　　数　155 千字
印　　张　11
版　　次　2022 年 3 月第 1 版　　2022 年 3 月第 1 次印刷
装　　别　平
书　　号　ISBN 978-7-5054-4577-2
定　　价　59.00 元

阅读推广人系列教材
编委会

总　序

由中国图书馆学会（以下简称"中图学会"）主持编写的丛书"阅读推广人系列教材"，是中图学会"阅读推广人"培育行动的一部分。

自 2005 年中图学会设立科普与阅读指导委员会（2009 年更名为"阅读推广委员会"）以来，各类型图书馆逐步重视开展阅读推广活动，并取得了丰硕的成果。在阅读推广过程中，很多图书馆面临不少问题，其中没有适合从事阅读推广的馆员是一个重要问题，而这对图书馆阅读推广活动能否持续、有效、创新地开展，将产生重要的影响。

鉴于此，中图学会阅读推广委员会于 2013 年 7 月，在浙江绍兴图书馆举办了"首届全国阅读推广高峰论坛"。这一论坛的目的是为图书馆免费培训阅读推广人，造就一支理念新、专业强、技能高的阅读推广人才队伍。首届论坛获得了图书馆界同人极高的评价。此后，在 2014 至 2015 年，中图学会阅读推广委员会又在常熟、石家庄、镇江、成都、临沂举办了五次免费培训，都取得了良好效果。

在绍兴阅读推广人培训之后，中图学会阅读推广委员会便着手考虑培训的专业化与系统性。为了更好地将阅读推广人培训工作顺利推进，委员会于 2014 年 7 月为中图学会制订了《培育阅读推广人行动计划（草案）》。该草案分四个部分：前言、培训课程体系与教材、专家组织、考核与能力证书授予等。关于阅读推广人，"前言"中写道：

"阅读推广人"是具有一定资质，可以开展阅读指导、提升读者阅读兴趣和阅读能力的专业与业余人士。

全民阅读、阅读推广，是立足中国文化、提高中华民族素质与竞争力的重要举措，近两年来受到政府与社会的广泛关注。为了推动全民阅读工作规范有效开展，培训"阅读推广人"是十分重要与必要的，也是很多机构，如学校、图书馆、大型企业、宣传部门十分需要的。

中国图书馆学会长期以来开展阅读推广活动，积累了丰富的经验，并拥有一批该领域的专家学者，从事全民阅读与阅读推广研究，他们承担课题或从事教育培训，取得了一定的成果，为进一步开展"阅读推广人"的培训、资格认证提供了重要的基础。作为以促进全民阅读，为读者终身学习提供保障为目标和社会责任的图书馆，应当成为阅读推广人培养与成长的摇篮。

中国图书馆学会为了更好地帮助图书馆、学校、大型企业、宣传部门等机构开展阅读推广工作，将阅读推广人培训作为一项长期工作。为了培训工作更好与规范地开展，特制订《培育阅读推广人行动计划》。参加培训的学员，通过一定的考核，中国图书馆学会将授予学员"阅读推广人"资格证书。

2014年12月11日，中图学会阅读推广委员会举办的"全民阅读推广峰会暨'阅读推广人'培育行动启动仪式"在常熟图书馆举行。会上，中图学会正式启动"阅读推广人"培育行动。

在"阅读推广人"培育行动中，教材的编写成为首要任务。这套"阅读推广人系列教材"是国内首套针对阅读推广人的教材。由于没有相关的参考著作，教材可能还存在一些不足。在今后使用过程中，对教材中存在的问题与不足，主编将做进一步的修订与完善。这套教材的问世，对中国阅读推广人的培育将发挥积极的推动作用。

"阅读推广人系列教材" 编委会

目 录

第一讲

传统文化阅读推广导论

中华优秀传统文化是中华民族传承下来的宝贵财富，值得我们认真学习、实践和弘扬。因此，传统文化阅读推广作为全民阅读的一个重要组成环节，是每一位阅读推广人的必修课之一。本讲将在解释"文化"及"传统文化"定义、介绍传统文化主要内容和主要特点、阐述传承中华优秀传统文化的意义等基础上，论述图书馆传承中华优秀传统文化的优势与必要性，最后通过介绍传统文化阅读推广的现状和特点，提出目前相关工作的改进方法。

第一节　传统文化的内涵与特点

一、"文化"及"传统文化"释义

（一）什么是"文化"

在日常生活中，我们会经常使用到"文化"一词，例如形容一个人学识丰富，我们会称其"有文化"，形容一群人所在的空间富有人文气息，我们会称之"文化氛围浓厚"；指称特定的行为、语言、风俗、艺术、工具等现象时，也用到"文化"作为定性描述，如"饮食文化""粤语文化""祭祖文化""京剧文化""玉器文化"等；归纳一个民族以及国家、地区的人文特质时，"文化"也是最为常见的后缀语，如"犹太文化""英国文化""澳门文化"等，而在此基础上，如果加入时间的维度，我们又可以相应地衍生出"古典犹太文化""中世纪英国文化""近代澳门文化"等词组。这说明"文化"一词包含的内容十分广泛，指称的对象可以从抽象到具体，涵盖的范围可以从个人延伸至国家，定位的时段可以从古到今。

可见，要给"文化"下一个准确的定义并非易事。为此，我们有必要先对"文化"一词的生成历史做进一步的了解。

我们今天所说的"文化"，分别有古汉语"人文化成"和英语"Culture"两个源头。前者出自《周易》："观乎天文，以察时变；观乎人文，以化成天下。"[①]至于"文化"作为一个完整词语的出现，目前最早见于西汉末年经学家刘向编纂的《说苑》一书，当中谓："凡武之兴，为不服也，文化不改，然后加诛。"[②]从中可见，古汉语的"文化"一词主要相对于"天文"和"武力"而言，意指教化和文治。自此，"文化"的这一定义便固定下来，一直在中国古代社会传延。

至于英语的"Culture"源自拉丁文"Cultura"，原意指耕种、驯养、照管等改变自然的人类行为，而后进一步引申出对人类精神状态的教化和培养。19世纪以后，在人类学和社会学等学科的发展推动下，"文化"逐渐成了西方学界研究的焦点，摩尔根（Lewis Henry Morgan，1818—1881）的《古代社会》、泰勒（Edward Burnett Tylor，1832—1917）的《原始文化》、卡西尔（Ernst Cassirer，1874—1945）的《人论》、比尔斯（Ralph Leon Beals，1901—1985）等人所著的《文化人类学》、克鲁伯（Alfred Louis Kroeber，1876—1960）和克拉克洪（Clyde Kluckhohn，1905—1960）著的《文化：概念和定义的批判性回顾》等著作皆研究了"文化"的不同面向，并做出了不同定义，其中泰勒在1871年提出："文化，或文明，就其广泛的民族学意义来说，是包括全部的知识、信仰、艺术、道德、法律、风俗以及作为社会成员的人所掌握和接受的任何其他的才能和习惯的复合体。"[③]这一定义着重强调了"文化"的"复合体"性质，是较为公认的"文化"定义。

把古汉语"人文化成"与英语"Cultre"建立起对应关系，是近代东西方文明交汇融合的结果，当中还牵涉日本对中国学界的知识"逆输入"。"明治维新"期间，日本兴起一股"洋学"译介风潮，其中对于西洋术语的翻译往往采用汉语

---

① 孔颖达，疏.周易正义［M］.十三经注疏整理委员会，整理.北京：北京大学出版社，2000：124.

② 刘向.说苑校证［M］.向宗鲁，校证.北京：中华书局，1987：380.

③ 爱德华·泰勒.原始文化［M］.连树声，译.上海：上海文艺出版社，1992：1.

字词进行意译，而"Cultre"一词就被对译为"文化（ぶんか）"。与此同时，当时中国掀起一股留日热潮，这些东渡学人耳濡目染，便把"文化"一词重新引介回国。① 此后，关于"文化"的问题不断引起国人的讨论，尤其是经过五四运动，国人对"传统文化"的剧烈批判，"文化"一词的使用频率得到了极大的强化。时至今日，在日常生活中，上至精英阶层、下至普通百姓都会频繁使用"文化"一词，而人们对于"文化"的观感和体悟、争议和共识仍有着言人人殊的看法。

综上，我们今天所理解的"文化"，是古今历史演化和中外文明融合的结果，在不同的时间和空间，人们对"文化"的理解也不一。国务院参事王京生先生曾提出"文化是流动的"的观点②，其实，关于"文化"的定义也是"流动的"，我们不妨用发展的眼光，把"文化"看成是一个不断更新和完善的概念，这样在落实到阅读推广活动时，应能拓宽我们的工作思维和思考深度。

需要强调的是，这里并非提倡一种"文化虚无"的论调，从"文化"的概念发展史我们可以看到，即便存在东西文明的差异和古今时空的变换，人们对于"文化"的核心内涵——通过教化改变人类的自然状态，却趋于一致，这可以说是人类的一种共同认识，背后反映的是人类对物质生活和精神生活的美好向往和追求。公共图书馆一般被定位为文化服务单位，这体现了图书馆对积淀个人涵养和培育社会风气起到的积极作用，图书馆人应当时刻铭记"以文化人"的职业使命，在不断变化的环境中保持文化自觉，助力图书馆更好地发挥其文化职能。

（二）什么是"传统文化"

"传统文化"无疑是本书重点讨论的对象，那么对于"传统文化"的理解，是否简单地把上述对"文化"的定义加上"过去的"这一时间限制即可？对此，著名学者钱穆先生曾言："今天讲文化，第一当知文化必然有一个'传统'……无传统就是无文化……退一步说，文化是一'存在'，而存在则必然有'时间性'，任何一事物，不能霎地存在，霎地消失。存在的时间，即是此存在之传统。"③ 可见"传统"本是"文化"的应有之义，但为何今人要特意强调"传统文化"一词呢？答案同样需要从历史当中找寻。

---

① 冯天瑜.新语探源——中西日文化互动与近代术语生成［M］.北京：中华书局，2004.

② 王京生.文化是流动的［N］.人民日报（海外版），2014–08–13（7）.

③ 钱穆.中国文化精神［M］.北京：九州出版社，2017：4.

"传统文化"一词的产生其实不在古代，而在近代，其中1919年发生的五四运动可视为全面重新审视传统文化的标志性事件。五四运动高举"科学"和"民主"的旗帜，追求更为全面的西化以启蒙社会，重新评估了中国的传统，在引领新思潮、推动文学革命、"打倒孔家店"等方面对中国文化的现代转向产生了深远影响。"传统文化"正是在"新文化"的对比下形成一个相对固定的负面概念，其内容包括传统文学、传统道德、传统伦理、传统儒学等方面。

自此，关于"传统文化"的感观和讨论逐渐引起社会各界的关注，反对与支持的声音此起彼伏。20世纪30年代，以胡适、陈序经为代表的自由主义学者进一步提倡"全盘西化"，认为这是挽救中华民族的唯一出路，彻底否定了传统文化的价值；而蒋介石则不满于共产主义和自由主义，于1943年出版了《中国之命运》一书，重新提倡传统伦理和宗法制度，引来了人民群众的极大反对；相比之下，毛泽东在1940年发表的《新民主主义论》中提出："中国的长期封建社会中，创造了灿烂的古代文化。清理古代文化的发展过程，剔除其封建性的糟粕，吸收其民主性的精华，是发展民族新文化提高民族自信心的必要条件；但是决不能无批判地兼收并蓄。必须将古代封建统治阶级的一切腐朽的东西和古代优秀的人民文化即多少带有民主性和革命性的东西区别开来。"[1]得到了社会各界的广泛认同，这体现了中国共产党人对传统文化"弃其糟粕，取其精华"的基本态度，也为传统文化的现代转型奠定了理论基础。

新中国成立以后，中国共产党一直引领我国社会主义文化事业的建设，对传统文化的历史定位和现实意义也逐渐有了更为深刻的理解和诠释。尤其是改革开放以来，传统文化在中国特色社会主义文化建设的背景下重新焕发了生机。1997年召开的党的十五大，在党的历史上第一次将"有中国特色社会主义的文化"建设列为党在社会主义初级阶段基本纲领的一项基本内容，并明确指出"它渊源于中华民族五千年文明史，又植根于有中国特色社会主义的实践，具有鲜明的时代特点"[2]。这一论断揭示了"有中国特色社会主义文化"与"传统文化"之间的历史联系，为我们科学对待传统文化提供了充分的理论依据，表明党对传统文化在

---

① 毛泽东.毛泽东选集：第二卷［C］.北京：人民出版社，1991：707–708.

② 江泽民.江泽民文选：第二卷［C］.北京：人民出版社，2006：33.

新时期社会主义文化建设中的地位与作用的认识更加深刻。①

党的十八大以来，习近平总书记将中华优秀传统文化提升到崭新的高度，赋予中华优秀传统文化时代内涵，运用中华优秀传统文化治国理政，阐发中华优秀传统文化应对国内外重大挑战，将中华优秀传统文化转化为实现中华民族伟大复兴、构建"人类命运共同体"的强大精神力量②，可以说对传统文化的重视提升到了空前的高度。党的十九大报告在阐述"坚定文化自信，推动社会主义文化繁荣兴盛"时，更强调："深入挖掘中华优秀传统文化蕴含的思想观念、人文精神、道德规范，结合时代要求继承创新，让中华文化展现出永久魅力和时代风采。"③这为新时代弘扬中华优秀传统文化的相关工作指明了路径与方向。

综上，我们今天对传统文化的相关认知，其实是近百年来在思想界的鼓动、碰撞，以及人民的实践中不断摸索出来的。其中，中国共产党利用马克思唯物主义辩证法分析出传统文化的精华与糟粕其实是对立统一的，进而指出："中国特色社会主义文化，源自于中华民族五千多年文明历史所孕育的中华优秀传统文化。"④肯定了中华优秀传统文化的意义和价值，同时提出"推动中华优秀传统文化创造性转化、创新性发展"⑤这一鲜明观点来处理由传统文化引发的系列争议和问题，这是新时代文化工作者必须时刻牢记、仔细体味的金玉良言。因此，本书使用的"传统文化"一词，除特别说明以外，皆特指摒弃了糟粕成分的"中华优秀传统文化"，请读者注意。

二、传统文化的主要内容

中华文化源远流长，经过五千多年的积淀，滋养了一代又一代的中华儿女，

---

① 李先明 . 改革开放以来中国共产党对传统文化的认知与定位［J］. 当代世界与社会主义，2012（6）：66—67.

② 薛庆超，薛静 . 习近平与中华优秀传统文化［J］. 行政管理改革，2017（12）：20—25.

③ 习近平 . 决胜全面建成小康社会　夺取新时代中国特色社会主义伟大胜利——在中国共产党第十九次全国代表大会上的报告［M］. 北京：人民出版社，2017：54.

④ 习近平 . 决胜全面建成小康社会　夺取新时代中国特色社会主义伟大胜利——在中国共产党第十九次全国代表大会上的报告［M］. 北京：人民出版社，2017：52.

⑤ 习近平 . 决胜全面建成小康社会　夺取新时代中国特色社会主义伟大胜利——在中国共产党第十九次全国代表大会上的报告［M］. 北京：人民出版社，2017：29.

创造了世界上延绵最长的文明奇迹。我们的传统文化博大精深，包罗万象，若要逐一列举诸如哲学思想、文学经典、民俗礼仪、节日节气、科技发明等方面的具体内容，显然不是本书篇幅所能涵盖的。为了方便读者了解传统文化的大略，下文选取了两部同题名为《中国文化概论》的书，一由著名学者张岱年、方克立主编，另一由中国台湾著名学者韦政通撰写，通过摘录和整合两书内容，对比展现传统文化的主题，以及相应涵盖的主要内容（见表 1–1）。

表 1–1　两岸学者论传统文化的主要内容

张岱年、方克立：《中国文化概论》		韦政通：《中国文化概论》	
宗教	远古宗教：自然神崇拜、动物神崇拜、鬼魂崇拜、祖先崇拜 道教：对"道"的信仰 佛教："四谛"，即苦、集、灭、道 儒学的宗教功能："天人感应""吾日三省吾身""慎独"	宗教	帝、天崇拜 祖先崇拜 儒家与宗教：圣贤崇拜 道教：五戒十善 佛教：十二因缘、戒定慧、涅槃
哲学	原始儒家："仁"的观念 原始道家：无为而无不为 中国佛教哲学：返本归极、明心见性、自识本心、见性成佛 宋明理学：理气论、心性论 宇宙观念和人生境界：创化的宇宙，造化的人生；天人之际，性命之源；"仁者以天地万物为一体" 思维方式和行为方式：逻辑分析，辩证综合；直觉体悟；知行动态统合	哲学	知识问题：墨子、荀子的知识理论 宇宙问题：虚实相涵、往复流行、生生不已、肯定自然宇宙即表现至善之价值、人性之源 人生问题：儒家肯定现实人生和现实世界的基本态度、重视实践、差等与博爱、寡欲去欲、克己复礼 科学精神：视宇宙为自然、怀疑精神、实证精神、提倡格物致知
艺术	原古艺术：原始彩陶、青铜纹饰 古代艺术：建筑、雕塑、书法、绘画、音乐、戏剧	艺术	绘画、音乐、舞蹈、雕刻、建筑艺术设计生活化、美即象征善、不尚形似重传神
语言文字和典籍	汉字和汉语：尚简、灵活、能动；以神统形、以言得意 书籍形态：金刻、石刻、简策与缣帛；雕版与活字印刷 文化典籍：经学、史学、诸子百家、诗文集、类书与丛书	语文	语言：单音节性、分声调、不用或极少用语法上的形态变化 文字：文字与语言分离、是一种艺术、富音乐性和娱乐性

续表

文学	文学成就:《诗经》与《楚辞》、先秦散文与汉赋、唐诗宋词、元杂剧与明清小说	文学	诗、散文、小说:重情性、喜以自然为题材、尚简易、爱用典故成语
伦理道德	传统美德:仁爱孝悌、谦和好礼、诚信知报、精忠爱国、克己奉公、修己慎独、见利思义、勤俭廉正、笃实宽厚、勇毅力行 伦理要素:"礼"的法则、"仁"的原理、修养的精神	社会	家庭:重视孝道 婚姻:重视礼教
科学技术	天学:天象记录、天体测量、历法 数学:十进位值制、《九章算术》、宋元算学 医学:中医学、中药学 四大发明:火药、指南针、造纸术、印刷术	政治	政治思想:儒家的"德治"、道家的自由解放、法家的"任术" 政治制度:三公九卿、郡县制、三省制、科举制 民主思想:重视民意、重人精神、安民贵民、民贵君轻
教育	教学思想:因材施教,启发诱导;温故知新,学思并重;循序渐进,由博返约;长善救失,教学相长;言传身教,尊师爱生	经济	儒家经济观:求均、先富后教、谋道不谋食、有恒产则有恒心、德为本财为末、务本节用、量入为出
史学	史学成就:内容丰富、形式多样;编年史;纪传史;典章制度专志;纪事本末与史评 史学传统:学兼天人,会同古今;以古为镜,经世致用;求实直书,书法不隐;德识为先,才学并茂		—

　　上述可见,大部分与传统文化相关的内容其实都与儒家思想密切关联,这体现了儒家文化对中华传统文化的深刻影响力,是我们了解传统文化的重要入门线索和主要研究方向。此外,尚有道教文化、佛教文化、科技思想等内容,它们或与儒家文化交互融合,或作为一独立存在丰富了中华文化的内涵。这些都充分显示了中华传统文化的统一性和多元互动性。

　　结合图书馆的阅读推广工作,中共中央办公厅、国务院办公厅于 2017 年 1

月印发的《关于实施中华优秀传统文化传承发展工程的意见》（以下简称《意见》）则更具现实指导意义。该《意见》体现了以习近平同志为核心的党中央治国理政新理念新思想新战略，是新中国历史上第一次以中央文件形式，专题阐述中华优秀传统文化传承发展工作，对于建设社会主义文化强国具有重要意义。[1]《意见》中特别强调了中华优秀传统文化的主要内容，并按"核心思想理念""中华传统美德""中华人文精神"三大类别列举，为我们学习和传播传统文化指明了重点和方向，现摘录相关内容如下：

核心思想理念。中华民族和中国人民在修齐治平、尊时守位、知常达变、开物成务、建功立业过程中培育和形成的基本思想理念，如革故鼎新、与时俱进的思想，脚踏实地、实事求是的思想，惠民利民、安民富民的思想，道法自然、天人合一的思想等，可以为人们认识和改造世界提供有益启迪，可以为治国理政提供有益借鉴。传承发展中华优秀传统文化，就要大力弘扬讲仁爱、重民本、守诚信、崇正义、尚和合、求大同等核心思想理念。

中华传统美德。中华优秀传统文化蕴含着丰富的道德理念和规范，如天下兴亡、匹夫有责的担当意识，精忠报国、振兴中华的爱国情怀，崇德向善、见贤思齐的社会风尚，孝悌忠信、礼义廉耻的荣辱观念，体现着评判是非曲直的价值标准，潜移默化地影响着中国人的行为方式。传承发展中华优秀传统文化，就要大力弘扬自强不息、敬业乐群、扶危济困、见义勇为、孝老爱亲等中华传统美德。

中华人文精神。中华优秀传统文化积淀着多样、珍贵的精神财富，如求同存异、和而不同的处世方法，文以载道、以文化人的教化思想，形神兼备、情景交融的美学追求，俭约自守、中和泰和的生活理念等，是中国人民思想观念、风俗习惯、生活方式、情感样式的集中表达，滋养了独特丰富的文学艺术、科学技术、人文学术，至今仍然具有深刻影响。传承发展中华优秀传统文化，就要大力弘扬有利于促进社会和谐、鼓励人们向上向善的思想文化内容。[2]

① 卜宪群.从中华优秀传统文化中汲取力量——谈《关于实施中华优秀传统文化传承发展工程的意见》[N].光明日报，2017–5–4（12）.

② 新华社.中共中央办公厅国务院办公厅印发《关于实施中华优秀传统文化传承发展工程的意见》[EB/OL].[2020–07–06].中国政府网.http://www.gov.cn/zhengce/2017–01/25/content_5163472.htm.

上述内容高度凝练了传统文化的精华与核心，我们在推行传统文化阅读推广时，应当紧密围绕上述内容进行展开，在深入了解内涵的基础上，有针对性地策划相关活动，使更多的读者认识和体悟传统文化的无穷魅力。

三、传统文化的主要特点

在具体介绍了传统文化的内涵和主要内容后，本节将归纳和阐述传统文化的主要特点，以便读者把握传统文化的脉络主线和独特标志。

关于传统文化的特点，已有众多学者进行过归纳总结。例如梁漱溟先生就曾列举了中国文化的特征，其中包括：广土众民、民族融合、历史长久、伟力深藏、家族本位、偏重道德、重视孝道、隐士意境等[①]，从多方位展示了中国文化的"要义"所在。钱穆先生曾言简意赅地概括："中国文化特质，可以'一天人，合内外'六字尽之"。[②]可谓单刀直入，明快揭示出他所认为的传统文化的核心。梁先生的观察从整体的角度出发，而钱先生的归纳则更关注精神层面，各有其合理性。下面拟从文化形态的角度，结合古代阅读文化，阐述传统文化的四个主要特点。

（一）延续性

中华民族有五千多年的历史，创造了灿烂的中华文明，是古代四大文明中唯一延续至今的文化整体，堪称奇迹。我们国家有文字记载的历史，自夏、商、周三代开始，以秦朝的统一拉开专制主义中央集权统治的序幕，两汉进一步巩固了大一统的局面，三国魏晋南北朝时期，中国陷入短暂的分裂，却促进了广泛的民族融合，直到隋唐再次统一，成就了中国古代社会的发展新高度，宋元时期，多元文化继续交流碰撞，明清时期中国古代封建社会发展到顶峰，同时也出现了资本主义的萌芽，却在 19 世纪末开始遭遇帝国主义的入侵，此后历经辛亥革命、国民革命、土地革命、抗日战争以及解放战争，最终在 1949 年成立了中华人民共和国，中华文明再次获得重生。以上大体勾勒了中国历史发展的线条，朝代的更迭其实只是表象，维持国家历史绵延不断的力量，正是背后不断积淀、融合、

---

① 梁漱溟.中国文化要义［M］.上海：上海人民出版社，2005：8-24.

② 钱穆.中国文化与中国哲学［M］//汤一介，等.中国文化与中国哲学.北京：生活·读书·新知三联书店，1987：29.

转化的传统文化。

如果说，朝代的更迭和领土的分合体现了传统文化"变"的一面，那么中华文明作为一个整体不断绵延至今则体现了传统文化"不变"的一面。无论时代如何剧变，传统文化以其强大的生命力始终将中国人的精神紧密维系在一起，并规范着人们的言行举止，影响着大众的衣食住行，决定着民族的精神气质，由此我们可以看到传统文化的延续还反映了该文化的整体性和大同性。

值得一提的是，书籍阅读是中华文化得以传播和延续的重要途径。我们的先祖历来重视对阅读的训练和总结，并将其视为追慕前贤和传授知识的主要方法之一，北宋理学大儒程颢和程颐就曾言："读书者，当观圣人所以作经之意，与圣人所以用心，与圣人所以至圣人，而吾之所以未至者，所以未得者。句句而求之，昼诵而味之，中夜而思之，平其心，易其气，阙其疑，则圣人之意见矣。"[①]古人正是秉持着这样的态度，不断"温故而知新"，强调"读书百遍，其义自见"，一代传一代地吸收和内化蕴含在浩瀚典籍中的传统文化，从而使传统文化得以延续数千年而不断。

（二）多元性

如上文所言，传统文化的延续性体现了中华文明的整体统一，那么，其多元性则反映了中华文明兼收并蓄的另一面。韦政通先生曾指出："中国自殷商起，直到近代，接触的文化虽很多，但始终是以自创的文化为主体，去吸纳其他文化，这个主体，似乎从没有丧失过。所以虽经过数千年吸收、合并的艰巨过程，却始终有着一贯的统绪。这是其他文化中所没有的现象，而为中国所独有。"[②]传统文化的多元性可以有多种形态的展示：如从民族的角度看，我们知道，今天的中华民族由汉族、蒙古族、回族、藏族、满族等 56 个民族组成，这其实是经过数千年的民族大融合形成的历史结果，56 个民族至今仍保存着各自独特的民族文化传统，为中华文明的发展提供多元动力，也维系了中华民族的大团结；又如从思想的角度看，春秋战国时期就有诸子百家争鸣，汉代以后儒学虽被独尊，但其实也在不断吸收其他学（教）派的思想精华，如内部的道教和外部的佛教，儒、释、道三派的思想既各具特色，又相互借鉴，共同组成了传统文化的思想基础；再从

---

① 曾祥芹，张维坤，黄果泉 . 古代阅读论［M］. 郑州：大象出版社，2002：252.

② 韦政通 . 中国文化概论［M］. 台北：水牛出版社，2006：33.

地理的角度看，各地方大至省份（如鲁文化、楚文化、蜀文化等），小至城乡（如洛阳文化、景德镇文化、半坡文化等），都能在国家的统一管治下，一方面发展出各有特色的地域文化，另一方面又不相互抵触，和谐共存。

我们的传统阅读文化也崇尚海纳百川，各取所需。如韩愈践行的"口不绝吟于六艺之文，手不停披于百家之编"①，苏轼提倡的"博观而约取，厚积而薄发"②，明末清初学者冯班总结的"多读书则胸次自高，出语皆有古人相应，一也；博识多知，文章有根据，二也；所见既多，自知得失，下笔知取舍，三也"③等，皆显示出古人对阅读的多元取向，并且重视对各种知识的内化，从而达至"运用之道，存乎一心"的理想境界。

（三）伦理性

重视伦理纲常和道德教化是传统文化的显著特征，这既要求人们妥善处理好人与人之间的关系，也要求个人重视对道德的培养，实现儒家所谓"内圣外王"的人格追求。传统文化伦理性的集中体现，是建构以家族为核心单元的宗法制度，正如梁漱溟先生在《中国文化要义》一书中指出："家庭生活是中国人第一重的社会生活；亲戚邻里朋友等关系是中国人第二重的社会生活。这两重社会生活，集中了中国人的要求，范围了中国人的活动，规定了其社会的道德条件和政治上的法律制度。"④而传统家庭伦理的核心则是以孝为先，并以此延伸出忠君、敬长、尊上等伦理观念，以此作为"治国平天下"的道德标准，故而才有《论语》所谓的"为政以德，譬如北辰，居其所而众星共之"⑤。传统文化的伦理性特点使得我们中华民族较为重视人际交往，处处表现出浓厚的人情味，有助于增强中华民族的凝聚力，同时也反映了礼仪之邦的温情和气度。

我们的传统文化在长久的发展过程中，也逐渐建构出一套特色鲜明的阅读伦理。古训有云："道德传家，十代以上，耕读传家次之，诗书传家又次之，富贵传家，不过三代。"我们从这句话可以认识到阅读在古代家庭生活中占据重要地位——

---

① 曾祥芹，张维坤，黄果泉．古代阅读论［M］．郑州：大象出版社，2002：200．
② 曾祥芹，张维坤，黄果泉．古代阅读论［M］．郑州：大象出版社，2002：255．
③ 曾祥芹，张维坤，黄果泉．古代阅读论［M］．郑州：大象出版社，2002：352．
④ 梁漱溟．中国文化要义［M］．上海：上海人民出版社，2005：16．
⑤ 杨伯峻，译注．论语译注［M］．北京：中华书局，2006：11．

通过书籍的阅读和传承，使家庭成员领悟先贤智慧和遗训，进而提升个人道德修养，只有这样才能维系家族的瓜瓞绵绵。例如清朝"中兴第一名臣"曾国藩家族，其兄弟五人的家庭，至今 190 余年间，绵延到第八代孙，共出有名望的人才 240 余人，无一废人，未出一个纨绔子弟。曾国藩继承祖训，在外做官时通过大量书信和日记，总结、传承曾氏家风，教育兄弟子侄，使曾氏后人受益良多。[1] 由耕读传家建构起来的阅读伦理在今天也逐渐引起学者的重视，有论者即提倡建立在中国传统文化之上的阅读伦理建设，"让这个社会成为一个阅读的社会"[2]。

（四）人文性

所谓的"人文性"是相对宗教性而言，中华传统文化的人文性特点可通过与西方传统文化对比而凸显。我们知道，宗教在西方文明里有着神圣不可侵犯的地位，对相当一部分西方人而言，宗教是他们的最高信仰和精神寄托。反观中国，我们的传统文化很早即摆脱了神学的束缚，把焦点回归到人的身上，孔子即曾言："务民之义，敬鬼神而远之，可谓知矣。"又说："未能事人，焉能事鬼？""未知生，焉知死？"这种唯物论和无神论传统培育了中华文化的人文性，使得中华民族能在以人为本的精神指导下，摆脱宗教神学的控制，以伦理道德和人文教养充实人们的信仰，从而使得人们更为关注人世，重视人生，拥抱现实生活，呼唤理性回归。

我们的传统阅读文化也同样闪耀着人文光芒，宗教、谶纬、怪诞类书籍始终没有进入人们阅读的主流，这与西方人时刻手捧《圣经》的情状迥然相异，传统阅读文化的主流始终是儒家经典"四书五经"。南朝梁元帝萧绎即言："凡读书，必以五经为本，所谓非圣人之书勿读。读之百遍，其义自见。此外众书，自可泛观耳。"[3] 古人通过研读儒家的经典，体悟其关于"仁"之学说，并以之作为个人提升道德修养的目标，进而改造现世社会。在具体阅读经典时，古人还注重发挥个人主观能动性，熟读精思，即物穷理，主张理性思考，如朱熹就提出了关于读书的"涵泳"论："读书当择先儒旧说之当于理者反复玩味，朝夕涵泳，使与本经正言之意通贯浃洽于胸中，然后有益。"[4] 由此可见，传统的阅读文化同样具有

① 张岩.推广家庭阅读 传承家庭文化［J］.图书与情报，2017（2）：1-2.
② 黄志奇.建立在中国传统文化之上的阅读伦理［J］.赤峰学院学报，2016（4）：96.
③ 曾祥芹，张维坤，黄果泉.古代阅读论［M］.郑州：大象出版社，2002：159.
④ 朱熹.朱子读书法［M］.天津：天津社会科学出版社，2016：273.

注重人文精神、崇尚理性思考的特点。

四、传承中华优秀传统文化的意义

传统文化是由中华民族的先贤所创造、历经时代的考验传承下来的丰厚遗产。通过上文对传统文化内涵与特点的介绍，我们对这份遗产应有更为深入的了解，认识到传统文化保存了人类辉煌的文艺创作，凝聚了古人深邃的思想结晶，树立了社会基本的道德规范，可以说，中华优秀传统文化就是中华民族的独特精神标识，也是当今中国特色社会主义植根的沃土，对保存中华千年文脉、提升个人文化涵养、凝聚民族文化认同、增强民众文化自信，具有重要意义。

（一）保存中华千年文脉

传承中华优秀传统文化的一个重要前提，是对这些重要的文化遗产进行全方位收集、整理、保存。只有摸清我们传统文化的家底，才有可能全面、准确地认识传统文化。因此，传承中华优秀传统文化，是一个一边收集和整理、一边学习和研究、一边践行和传播的过程，我们每一个中国人都应当以此作为一种文化自觉，尽个人最大的努力去挖掘、记录身边的"小传统"（如方言特色、地方习俗、家族历史等），认识、感悟国家民族的"大传统"（如道德情操、诗词歌赋、书画艺术等），从而发现中华传统文化的独特个性，及其曾为世界文化做出过的重要贡献，增强个人文化自信。我们要为保存中华千年文脉尽个人最大的力量，通过聚沙成塔、集腋成裘，使中华传统文化得以永葆其旺盛的生命力，让中华民族继续屹立于世界民族之林。

在保存民族文化遗产方面，图书馆无疑扮演了重要的角色。我们知道，传统文化中相当部分内容通常都以图书为载体记录在其中，而图书馆作为书籍的采集、整理、收藏、流通等方面的主要机构，通过挖掘和修复珍贵古籍、地方文献，收集和记录非遗手艺、民俗，采购和推荐现代出版的传统经典图书等方法，既保存了古人传统知识和思想的精华，同时也拉近了今人与传统文化的距离，为守护和传承中华传统文化贡献了不可或缺的力量，可以说是一座座散落在大江南北的传统文化集聚基地和传播阵地。

图1-1　深圳图书馆馆员采访省级非遗"田氏剪纸"传承人

（二）提升个人文化涵养

传统文化博大精深，为我们提供了宝贵的精神财富，对提升个人文化涵养具有重要作用。例如"诚意、正心、修身、齐家、治国、平天下""为天地立心，为生民立命，为往圣继绝学，为万世开太平""穷则独善其身，达则兼济天下"等修身之道，"慎独慎微""不以恶小而为之""公生明，廉生威"等廉洁之道，"天人合一""休养生息""道法自然"等天人观、"君子喻于义，小人喻于利""不义而富且贵，于我如浮云""国不以利为利，以义为利也"等义利观，"民为贵，社稷次之，君为轻""民为邦本，本固邦宁""乐民之乐者，民亦乐其乐；忧民之忧者，民亦忧其忧"等民本思想、"法者，天下之程式也，万事之仪表也""法令既行，纪律自正，则无不治之国，无不化之民""国皆有法，而无使法必行之法"等法治思想……这些传统文化中的思想精华是我们培养个人道德情操、人格品行、处世之道的重要精神资源。

近代意义上的图书馆在引入中国之初，国人即强调其在保存传统文化、提升个人才智起到的重要作用，如1910年的《京师图书馆及各省图书馆通行章程折》中就指出："图书馆之设，所以保存国粹，造就通才，以备硕学专家研究学艺、学生士人检阅考证之用。"①及至当代,图书馆作为公益文化机构,凭借其平等、开放、免费等优势,已逐渐成为人们了解、学习、体验中国传统文化的重要公共场所,让人民群众通过阅读体验传统文化之美,对个人文化涵养的提升起到重要作用。

(三)凝聚民族文化认同

"五个认同"是习近平总书记谈论民族问题时提出的重要理论,具体内容包括:对伟大祖国的认同、对中华民族的认同、对中华文化的认同、对中国共产党的认同、对中国特色社会主义的认同。其中,"对中华文化的认同首先表现在对中华优秀传统文化的认同"②。可见传统文化对凝聚民族文化认同具有重要作用。传统文化是各族人民的共同文化记忆,也是各民族逐步走向大融合、大团结的文化见证,需要我们时刻铭记和用心传承。通过深入挖掘和阐发中华优秀传统文化讲仁爱、重民本、守诚信、崇正义、尚和合、求大同的时代价值,能进一步提升各族人民的文化认同。

对此,图书馆利用文献资源方面的优势,通过策划传统文化专题展览、制作传统文化书目推荐、开设传统文化体验班、组织地方历史文化考察等方式,让各族人民得以从多维度了解传统文化,加深对传统文化内涵精神的认识,有利于凝聚民族文化认同。

(四)增强民众文化自信

习近平总书记曾指出:"中华优秀传统文化是中华民族的精神命脉,是涵养社会主义核心价值观的重要源泉,也是我们在世界文化激荡中站稳脚跟的坚实根基。"③这充分体现了一个文明大国的高度文化自觉和文化自信,也指出了弘扬中华优秀传统文化对推动中华民族的伟大复兴具有重要意义。尤其在当今世界,人类面临着一系列的矛盾冲突,包括人内心的矛盾、人与人之间的矛盾、人与自然之间的矛盾等,要化解这些矛盾,我们可从以中华优秀传统文化为代表的东方文

---

① 程焕文.晚清图书馆学术思想史[M].北京:北京图书馆出版社,2005:330.
② 习近平用"五个认同"巩固生命线[EB/OL].[2020-07-08].央视网.http://news.cntv.cn/2015/09/30/ARTI1443612606284779.shtml.
③ 习近平.中华优秀传统文化是中华民族的精神命脉[EB/OL].[2020-07-06].中国共产党新闻网.http://cpc.people.com.cn/n/2014/1016/c164113-25845591.html.

明中汲取智慧，以"讲信修睦""协和万邦"的精神，构建人类命运共同体，实现人类社会的和谐发展。因此，我们应当对中华民族的传统文化感到自豪和自信，并以此向世界展示中华民族的独特文化魅力，向世界发出铿锵有力的中国声音。

图书馆作为公共文化场所，在传播中国力量、展示中国文化软实力方面也可大有作为。一方面，国内图书馆可以强强联手，开展跨地域的，乃至全国性的传统文化阅读推广活动，提高民众对传统文化的认知，进而提升文化自信；另一方面，图书馆界也可主动走出国门，利用国际图联（IFLA）等平台，向世界展示中华优秀传统文化的魅力，在交流对话中进一步了解中华文化的特色和亮点，促进世界大同，和合共生。

第二节　图书馆与传统文化阅读推广

传统文化阅读推广既是图书馆推进全民阅读的重要手段，也是图书馆履行自身文化使命的必然要求。早在 1994 年公布的《联合国教科文组织公共图书馆宣言》中即提到"加强文化遗产意识""支持口述传统文化"[1]等与传统文化息息相关的公共图书馆使命。在我国，2018 年 1 月 1 日正式实施的《中华人民共和国公共图书馆法》明确提出："公共图书馆是社会主义公共文化服务体系的重要组成部分，应当将推动、引导、服务全民阅读作为重要任务。公共图书馆应当坚持社会主义先进文化前进方向，坚持以人民为中心，坚持以社会主义核心价值观为引领，传承发展中华优秀传统文化，继承革命文化，发展社会主义先进文化。"[2]这是我国有史以来首次以国家法律的形式，规定了公共图书馆必须要承担起"传承发展中华优秀传统文化"的责任，传统文化阅读推广将处于更加重要的地位，成为各公共图书馆的业务组成部分，乃至核心业务构成，这值得各公共图书馆引起高度重视。

---

[1] 菲利普吉尔领导的工作小组代表公共图书馆专业委员会.公共图书馆服务发展指南[M].林祖藻，译.上海：上海科学技术文献出版社，2002：98.

[2] 中华人民共和国公共图书馆法［M］.北京：人民出版社，2017：3.

一、图书馆传承中华优秀传统文化的优势

（一）坐拥书城

文献资源是图书馆安身立命的根本所在，也是评判一座图书馆综合服务效能的关键指标，"图书"不存，"馆"将焉附？因此，一座合格的图书馆必定是有着相对健全的文献建设保障体系，并扮演着知识津梁的角色，以坐拥书城的姿态，搭建书与人相遇的连廊，推动人类文明进步。

我们的传统文化往往也强调"文以载道""敬惜字纸"，对文字、书籍有着特别的崇拜，历代帝王将相和文人墨客都寄希望于文字，把个人毕生的所学所悟倾注于卷册之中，期望"藏之名山，传之其人"。缘此，我国古代藏书楼应运而生，各类典籍图录得以分门别类，聚于一室，这是记录中华优秀传统文化的无限宝库，也是传承中华优秀传统文化的重要场所。及至近代，现代意义的图书馆开始传入中国，"公共图书馆"的概念慢慢在中华大地生根发芽，逐渐取代藏书相对有限、服务相对封闭的藏书楼，人民群众了解传统文化有了更为便捷、全面的获取途径。新中国成立以来，公共图书馆事业取得了长足进步，尤其是改革开放以来，公共图书馆作为文化事业单位的属性定位得到进一步明确，所承担的文化责任也愈加增强，与此同时，政府公共财政持续加大投入力度，图书馆学、情报学等学科积极推动相关理论探索和实践总结，图书馆人长年坚守岗位、不断创新……这些都使得公共图书馆的文献资源建设得到全方位保障和提升，与传统文化相关的文献也由此得到更好的保护和更广泛的利用。

最明显的例子就是古籍的保护与整理。1981 年 9 月 17 日中共中央发出《关于整理我国古籍的指示》，强调"整理古籍，把祖国宝贵的文化遗产继承下来，是一项十分重要的、关系到子孙后代的工作"。2007 年 1 月 19 日，国务院办公厅下发《关于进一步加强古籍保护工作的意见》，对全国古籍保护工作进行总体部署，提出实施"中华古籍保护计划"，主要任务包括：古籍的普查登记、中华古籍联合目录和古籍数字资源库的建立、《国家珍贵古籍名录》的订立、"全国古籍重点保护单位"的申报、古籍保护专业人员的培养、古籍的整理出版和研究利

用等。①该计划得到了全国各大图书馆的积极配合，尘封在各图书馆里的古籍由此得到了系统登记和整理，为进一步保存和传播中华优秀传统文化打下了坚实的文献基础。

随着时代的进步和新技术的应用，数字资源逐步成为图书馆进行传统文化阅读推广的新资源优势。在上述"中华古籍保护计划"的实施过程中，国家图书馆（国家古籍保护中心）倾力打造了"中华古籍资源库"，目前在线发布的古籍影像资源包括：国家图书馆藏善本古籍、《赵城金藏》、法国国家图书馆藏敦煌遗书等，资源总量超过 2.5 万部 1000 余万叶。该资源彻底打破了古籍阅览的时空限制，读者注册后可远程阅览、调取古籍数字影像，完全克服了时间、空间的障碍，为进一步推广古籍阅读，弘扬古籍文化打下了坚实的资源基础。②

（二）专业管理

印度图书馆学家阮冈纳赞（Ranganathan，Shiyali Ramamrita，1892—1972）以提出"图书馆学五定律"闻名于世，其第一定律就是"书是为了用的"（Books are for use），这告诉我们，图书馆在占据着文献资源优势的基础上，更重要的是掌握着文献管理的专业技能，通过文献的收藏、编目、展示、推荐、回收、更新等方式，更好地为"书与人的相遇"服务。

对于与传统文化相关的文献资源，图书馆也具备天然的专业管理优势。例如，文献的收藏，图书馆作为专门的文献贮藏场所，在布局建设时即重视文献的保存功能。在我国，《图书馆建筑设计规范》和《公共图书馆建设标准（建标108–2008）》已相继于 1999 年和 2008 年正式颁布实施，当中对馆舍建筑的选址、设置、位置、结构、密闭性能、保温隔热性能、防水防潮性能、抗震性能等方面都有特定的严格要求，确保文献得到妥善保存。近年来，各图书馆还越来越重视特色文献空间的打造设计，围绕不同的阅读主题，通过别具一格的装修，把相关特色文献聚集在图书馆的特定空间，给读者带来不一样的阅读体验，借此进一步提高文献的使用率。又如文献的排架与展示，《中图图书馆分类法》为我国当代

---

① "中华古籍保护计划"大事记［J］.国家图书馆学刊，2014（5）：104.

② 赵文友，林世田."中华古籍保护计划"成果——以"中华古籍资源库"建设为中心的古籍数字化工作［J］.新世纪图书馆，2018（3）：12–15.

图书馆编排藏书提供了核心依据，方便读者更便捷地获取想要的图书，同一类别的图书集中呈现在读者面前的开放式排架法也有助于读者更全面地了解同一类目下的各种图书，方便其按需取阅。再如文献的二次开发，图书馆员运用图书馆学的相关专业知识，深入挖掘文献内部信息，可按特定主题或特定读者需求编制专题文献目录和索引，为文化普及、学术研究、政府决策等提供必要的书目参考。

诚如图书馆学专家吴晞所言："就行使提供文献保障、传承文献遗产的功能而言，目前还没有其他社会机构可以取代图书馆。"[①]图书馆独有的文献收藏体系是图书馆专业管理的集中体现，可为传统文化阅读推广提供高效的专业管理和核心的场地保障。

（三）联结社会

中国图书馆学会《图书馆服务宣言》指出："图书馆是一个开放的知识与信息中心。图书馆以公益服务为基本原则，以实现和保障公民基本阅读权利为天职，以读者需求为一切工作的出发点……图书馆与一切关心图书馆事业的组织和个人真诚合作。"在"互联网＋"新时代，公共图书馆在资源整合、服务网络、阅读推广等方面既有着无可取代的独特优势，同时也越来越离不开社会力量的支持和参与，通过连接多方，图书馆逐步走向"图书馆＋"。

在传统文化阅读推广方面，公共图书馆也有着天然的吸引力，通过广泛联结社会外部力量，强强联手，发出传统文化的最强音。例如，在基层馆建设方面，各级图书馆可本着共建共享和优势互补的原则，合办基层馆，在馆内布局、资源配备、阅读推广等多个环节围绕传统文化进行有针对性的指导，促进传统文化在基层发扬壮大。又如，在图书捐赠方面，图书馆可与社会各界，尤其是文化类企事业单位联合，设立传统文化相关的图书捐赠交换点，促进传统文化类图书的流通和传播；资源较为充裕的图书馆还可以响应国家文化扶贫的号召，积极向困难地区的文化单位和教育单位捐赠与传统文化相关的图书，让当地人民更直接、更亲切地接触传统文化，有利于凝聚人民的向心力和民族的大团结。再如，在读者活动方面，图书馆可发挥"第三空间"的价值，与社会机构联合创设文化空间，营造公共阅读氛围，共同策划开展传统文化相关的读者活动，让传统文化阅读推

① 吴晞．天下万世共读之：公共图书馆与阅读推广［M］．上海：上海科学技术文献出版社，2014：171.

广进一步走向多元化、常态化。

公共图书馆作为承载传统文化的空间和平台以及"社会均衡器"[①]，通过联结各方社会力量，既可为相关社会组织提供弘扬传统文化的舞台，又进一步激活了图书馆的终身教育职能，在传统文化阅读推广方面大有可为。

（四）受众广泛

公共图书馆作为我国公共文化服务体系的重要组成部分，具有平等、开放、共享的基本特点，故而吸引各色人等前来获取精神食粮，享受公民应有的文化权利。另一方面，公共图书馆具有传承传统文化的天然功能，二者相性的契合，进一步吸引读者前来图书馆获取和感受与传统文化相关的书籍和知识，乃至环境和氛围。时至今日，图书馆已成为人们了解传统文化的重要阵地，图书馆应顺势而为，加大力度推广传统文化。

以不同的年龄群体为例：少年儿童可以在图书馆获取对传统文化的基础认知，或者拓展相关课外知识，培养传统文化的学习兴趣；青年学生可以尝试在图书馆借阅与传统文化相关的原文典籍，以及通过咨询专业馆员得到相应的书目指导，进一步提升文化素养；成年人还可以在工余通过参与讲座、观看展览等方式，不断提高对传统文化的认知；老年人则可以利用图书馆的平台分享书法研习、国画技巧、诗词创作等关于传统文化的实践应用和人生体悟，让传统文化代代相传。由此可见，图书馆服务人群的广泛性，套用时下流行的话语，可以说是"自带流量"，而且他们前来图书馆的动机之一，就包括希望了解传统文化的相关知识，这也是图书馆对读者的吸引力之一。

二、图书馆开展传统文化阅读推广的必要性

（一）履行公共图书馆法等相关法律条文规定的职责

长期以来，公共图书馆虽然在保存传统文化方面一直不遗余力，图书馆人也大都认同把传承文化奉为职业馆员的工作使命之一，但这方面一直没有得到国家层面的法律条文的承认和规定，致使部分图书馆对传承中华优秀传统文化工作欠

[①] 张岩.充当行业砥柱，构建"图书馆+"发展新模式［J］.北京：国家图书馆学刊，2015（4）：29.

缺主动性、积极性和多样性。其间，部分地方在制定当地公共图书馆条例时，或多或少已涉及图书馆对传承优秀传统文化的责任，例如 2013 年 10 月颁布实施的《四川省公共图书馆条例》第十二条就规定："公共图书馆应当具有以下基本职能：（一）系统保存文献信息资源，传承文化。"[①] 2015 年 5 月颁布实施的《广州市公共图书馆条例》第十九条规定："数字信息资源建设中应当注重信息技术的应用，根据数字信息资源的用途，确定相应的加工级别和保存期，优秀文化遗产应当长期保存。"[②] 第三十六条也规定："为开展地方文献与地方历史文化研究提供服务。"[③] 这些地方图书馆条例的修订尝试，为图书馆切实落实传承中华优秀传统文化的责任提供了先试先行的立法实践和工作经验。

2018 年 1 月 1 日《中华人民共和国公共图书馆法》正式颁布实施，这部具有划时代意义且充分体现了中国公共图书馆事业的中国特色的国家法律条文，其第三条明确提出："公共图书馆应当坚持社会主义先进文化前进方向，坚持以人民为中心，坚持以社会主义核心价值观为引领，传承发展中华优秀传统文化，继承革命文化，发展社会主义先进文化。"[④] 正如本节开头所言，这是我国有史以来首次以国家法律的形式，规定了"传承发展中华优秀传统文化"是公共图书馆必须要承担起的文化责任。随着这部法律的深入落实，我们可以预见，传统文化相关的阅读推广工作今后将成为图书馆阅读推广的重要组成部分，图书馆人开展传统文化阅读推广也将更有底气。

图 1-2 《中华人民共和国公共图书馆法》

---

① 四川省公共图书馆条例［EB/OL］.［2020-07-06］.四川省人民代表大会常务委员会网.http：//www.scspc.gov.cn/cwgb/2013n/dsih_2013/201312/t20131219_13777.html.

② 广州市公共图书馆条例［EB/OL］.［2020-07-06］.广州图书馆网.http：//www.gzlib.gov.cn/policiesRegulations/78168.jhtml.

③ 广州市公共图书馆条例［EB/OL］.［2020-07-06］.广州图书馆网.http：//www.gzlib.gov.cn/policiesRegulations/78168.jhtml.

④ 中华人民共和国公共图书馆法［M］.北京：人民出版社，2017：3.

（二）寻找图书馆业务提升的新增长点

我国的现代公共图书馆事业经过百年来的发展，目前已建立起相对完善的图书馆服务体系，大部分公共图书馆也保证了基本服务（如文献收藏、图书借还等）的提供。然而随着社会的发展，以及人们文化需求的日益增长，公共图书馆也面临着服务创新和功能转型的难题。正如图书馆学专家李国新指出："提高公共图书馆服务效能，是'十三五'时期必须取得明显突破的重要方面。目前，我国公共图书馆服务效能总体上与国际先进水平存在不小的差距。'十三五'时期，公共图书馆应抓住制约服务效能提升的关键要素，以创新性的思路、创造性的方法设计出适应不同发展水平的服务效能提升项目，促使服务效能实现跨越式提升。"[①]

图书馆阅读推广乘着全民阅读在全国范围蓬勃开展的东风，逐渐成为各地公共图书馆业务的重要组成部分；另一方面，中华优秀传统文化在近年也得到国家的日益重视，各地方政府积极响应党中央的号召，制定措施推动中华优秀传统文化的创造性转化和创新性发展。由此可见，传统文化阅读推广结合了时下"阅读推广"和"传统文化"两大文化热点，既适应了新时代对公共图书馆发展的新要求，又满足了人民群众对图书馆服务的新需求，是未来我国公共图书馆业务提升的新增长点，值得图书馆同行以及相关职能部门多加关注。

（三）提供正本清源的权威推荐和解读

弘扬中华优秀传统文化可以说是一项系统浩大的工程，具体实践起来并非易事，首先要面对的难题就是如何较好地区别传统文化中的精华与糟粕。坊间存在着不少的组织和个人，他们往往打着弘扬优秀传统文化的旗号，实际传播的可能却是浅层的、臆造的、过于商业化的、偏离事实的文化糟粕，贻误后人，危害极大。

对此，公共图书馆进行传统文化阅读推广，具有公益性和权威性。公益性是指公共图书馆不以营利为目的，履行其文化传承者的机构职责，因而在人民群众心目中有着较为神圣的地位，更能吸引读者前来参与。权威性是指公共图书馆一般由政府相关部门主管，这一管理体系能确保图书馆一切业务符合党和政府的文

---

① 李国新 . 公共图书馆事业发展思考［J］. 国家图书馆学刊，2015（5）：4-5.

化方针以及最新发展，加上图书馆员专业的甄别和推荐，保证了传统文化弘扬的质量和成效，这都使得公共图书馆能在文化领域具有较高的话语权和认可度。因此，公共图书馆应该握牢手中"高贵的坚持"，在种种形形色色的弘扬中华优秀传统文化的活动中，主动出击，为人民群众提供正本清源的权威推荐和解读，确保中华优秀传统文化不被误读、错读。

第三节　图书馆进行传统文化阅读推广的现状与改进

我国图书馆进行传统文化相关的阅读推广不可谓不早，诸如国学讲座、书法培训、国画展览等活动往往是早期传统文化阅读推广的主要形式。随着时代的发展，人们对传统文化投入了越来越多的关注，与此同时，在不断开放的社会环境里，人们更容易接触外来文明并形成参照，反过来对传统文化有更进一步的了解，过去相对内容单一、形式固化的阅读推广活动显然无法满足人们日益增长的文化需求。这一问题显然已经引起了党和政府的重视，图书馆界同人也积极响应，把传统文化阅读推广作为一项重要业务，认真研究和落实相关文件精神，结合馆情实际，开创出百花齐放、各具特色的新格局，使传统文化阅读推广成为新时代全民阅读的重要推广领域。

一、传统文化阅读推广的现状与开展特点

（一）党和政府高度重视，系统谋划顶层设计

党和政府历来重视传统文化的传承发展，尤其自党的十八大以来，以习近平同志为核心的党中央高度重视中华优秀传统文化的创造性转化和创新性发展，2017 年初，中共中央办公厅、国务院印发了《关于实施中华优秀传统文化传承发展工程的意见》，把传承中华优秀传统文化推上了新的历史高度。2017 年11 月，十二届全国人大常委会第三十次会议表决通过了《中华人民共和国公共图书馆法》，这是党的十九大之后出台的第一部文化方面的法律，也是公共文化领域继《中华人民共和国公共文化服务保障法》之后的又一部重要法律，该法律

第三条明确提出："公共图书馆应当坚持社会主义先进文化前进方向，坚持以人民为中心，坚持以社会主义核心价值观为引领，传承发展中华优秀传统文化，继承革命文化，发展社会主义先进文化。"①

2019年9月，在国家图书馆建馆110周年之际，习近平总书记在给国图八位老专家回信时特别指出："图书馆是国家文化发展水平的重要标志，是滋养民族心灵、培育文化自信的重要场所。希望国图坚持正确政治方向，弘扬优秀传统文化，创新服务方式，推动全民阅读，更好满足人民精神文化需求，为建设社会主义文化强国再立新功。"②文化和旅游部随即召开学习座谈会，传达学习习近平总书记的回信，就贯彻落实好回信的重要精神进行座谈。与会领导表示，这是习近平总书记首次就图书馆事业专门做出重要论述，充分体现了以习近平同志为核心的党中央对文化事业、图书馆事业、国家图书馆工作的高度重视，为我们做好新时代图书馆工作提供了理论指导和行动指南。针对习近平总书记回信中提到"弘扬优秀传统文化"的要求，与会领导还特意强调，图书馆应坚持"保护修复与合理利用并重，扎实做好古籍普查登记、抢救整理、保护修复、研究利用等工作，深入发掘和阐发古籍的文化内涵，促进中华优秀传统文化创造性转化、创新性发展""要推动全民阅读，广泛开展阅读推广服务"③，这充分体现了党和政府在顶层设计层面对传统文化阅读推广的高度重视和系统谋划。

（二）立足图书资源，让中华文化经典走向大众

书籍文献是图书馆赖以生存的重要基础，图书馆组织传统文化阅读推广活动自然离不开图书，尤其是与中国优秀传统文化相关的经典书籍。通过图书馆人的专业采编和推荐，传统经典得以走近大众，重新焕发光彩，传承中华文脉。

由中国图书馆学会主办，《中华传统文化百部经典》编纂工作办公室、中国图书馆学会阅读推广委员会以及各地图书馆承办的"让经典走向大众——《中华

---

① 中华人民共和国公共图书馆法［M］.北京：人民出版社，2017：3.
② 习近平给国家图书馆老专家的回信.［EB/OL］.［2020–07–07］.人民网.http://cpc.people.com.cn/n1/2019/0909/c64094–31345047.html.
③ 文化和旅游部召开学习贯彻习近平总书记给国家图书馆老专家回信精神座谈会［N］.《中国文化报》，2019–09–11.

传统文化百部经典》推介全国行",可谓是近年来图书馆界在弘扬中华经典方面最具全国影响的大型图书推荐活动。《中华传统文化百部经典》由中央宣传部等部门支持和指导、国家图书馆组织实施编写,首批十部图书包括《周易》《尚书》《诗经》《论语》《孟子》《老子》《庄子》《管子》《孙子兵法》《史记》。该丛书由著名学者、中央文史研究馆馆长袁行霈担任主编,遴选中华传统文化中最具代表性的100部经典,萃取精华、赋予新意,深入浅出地进行解读,努力为广大读者提供一套立足学术、面向大众的古代典籍普及读本,充分展现中华传统文化的广泛性和多样性。2018年中国图书馆学会开始在全国组织开展《中华传统文化百部经典》推介活动,由阅读推广委员会具体承办实施,筹划活动方案,编制活动指南,加大整体统筹,力图以公益宣传片展播、公益展览巡演、公益讲座巡讲、多元主题推介活动、立体宣传推广等系列活动方式,对《中华传统文化百部经典》进行全方位的推介。活动从广东首站(广东省立中山图书馆、东莞图书馆)出发,陆续在全国各地图书馆(北京师范大学图书馆、韶山毛泽东图书馆、三亚市图书馆等)展开,引领读者学经典、诵经典、演经典、画经典、讲经典,在全国形成浓厚的传播经典、传承文化的阅读氛围。

图1-3 《中华传统文化百部经典》首批十部图书

至于深圳图书馆的"南书房家庭经典阅读书目"可谓是地方公共图书馆经典书目推荐的代表案例。2014年初，深圳图书馆联合中国图书馆学会阅读推广委员会，启动"南书房家庭经典阅读书目"推荐活动，向广大读者推荐适合当今中国家庭阅读与收藏的经典著作。该书目注重人文性、经典性和可读性，计划用10年时间，每年于4月23日（世界读书日）向公众推荐30种中外经典图书，从而形成一般家庭经典书架的基本容量。同时，通过创办经典阅读公益杂志，以及围绕书目举办讲座、展览、征文、诵读等系列阅读推广活动，大力倡导及推广家庭经典阅读。截至2020年，该书目已顺利推出7期，210部经典图书，中华优秀传统文化相关的经典占比超过一半。其中文学类经典最受热捧，历史、地理和科普类图书紧随其后，这四个类别的推荐图书在2019年的外借量占该年度推荐图书总外借量的86.75%，部分严肃的学术类经典图书经推荐逐渐走入大众视野，《中国历史地图集》《格古要论》等外借量增幅显著。可见，该书目在指导家庭经典阅读、培育城市人文素养等方面起到了良好效果。

（三）打造阅读空间，营造传统氛围

图书馆对城市和市民的意义，不仅限于一个地标符号，它更是人们交流活动的场所、城市不可或缺的文化空间。近年，全国各图书馆都逐渐意识到空间布局的重要性，不断推进空间的改造升级，并且依托各种空间创设特色品牌活动，通过这种"服务空间＋活动品牌"的方式，突显公共图书馆作为"第三文化空间"的价值。其中，打造传统文化的阅读空间更是掀起一股热潮，各地图书馆往往围绕中华传统的文化背景，运用中国的传统建筑美学，结合地方的特色文化，创设了一批又一批彰显中华文明，又别具地方特色的阅读空间：例如山东省图书馆国学分馆的尼山书院、福建省图书馆的正谊书院、太原市图书馆的太原书院、广州图书馆的人文馆、深圳图书馆的南书房等，这些新型传统文化阅读空间为相关阅读推广活动的开展提供了雅致的氛围与合适的平台，更能吸引读者前来近距离接触传统文化、感悟传统文化、传播传统文化。

图1-4 太原市图书馆太原书院空间布局（太原市图书馆供图）

（四）活动形式多样，传统与创新结合

如果说，内涵丰富的中华优秀传统文化是一篮子优质原材料，那么要把传统文化阅读推广这盘菜做得好、做得香，很大程度就取决于厨师用什么手艺加工原材料，而阅读推广活动的形式则是我们每一位阅读推广人需要掌握的加工"手艺"。尤其对于普通读者而言，面对博大精深的传统文化，有人不免会望而却步，学习热情不高。为此，如今全国各地的图书馆都纷纷使尽浑身解数，通过优化组织形式、提供展示舞台、重视亲身体验、创新传播载体、促进分享互动等方法，务求吸引群众积极参与到传统文化阅读推广活动当中，让传统文化在图书馆得到传承和发展。

1. 优化组织形式

阅读推广活动的形式丰富多样，讲座、展览、音乐会等都是我们常见的活动形式。针对传统文化来说，"讲学"本就是传统知识传授的重要途径，孔子当年也就是坐在杏坛上弦歌讲学，教弟子读书。有鉴于此，不少图书馆已逐步把古人的"讲学"理念引入传统文化阅读推广当中，创新提出"研修班"的组织形式，通过一定条件的筛选，让"读者"升级成为"学员"，组成专题研修班，通过名家、大家的系统讲授，同时融入传统的教学礼仪，让学员仿佛置身古人的杏坛讲学，这既有利于传统文化的返本归真，又促进了学员对传统文化的吸收与体悟。

黑龙江省图书馆自 2015 年 7 月联合黑龙江大学博士生导师刘冬颖教授共同开设古诗词吟唱公开课。3 年来，课程直接参与读者 2000 余人次，网络媒体间接影响读者 20 余万人次，这些学员如今已经成为黑龙江传播中华古诗词文化的重要生力军。①

深圳图书馆自 2018 年起依托其品牌学术沙龙活动"深圳学人·南书房夜话"，举办了两季"诗词鉴赏与写作研修班"。2020 年又依托另一学术讲座品牌"人文讲坛"举办了"儒家文化研习社"和"道家文化研习社"。研修班和研习社邀请全国各地专家学者主讲，以课堂讲授的方式，招募符合条件的正式学员免费进行系统性授课，同时面向广大市民开放旁听。值得一提的是，该活动还将课程精华以及师生学员的优秀作品结集出版，进一步扩大了活动影响力。

图 1-5　2018 年"深圳学人·南书房夜话"第六季"诗词鉴赏与写作研修班"开班现场

2. 提供展示舞台

我们的传统文化是鲜活的、有生命力的文化，它并不仅仅存在于图书当中，更是内化在我们每个中华儿女的骨髓之中，因此，我们每一个人都可以成为传统文化的代言人，而图书馆作为重要的公共文化空间，是再好不过的传统文化展示舞台。

近年来，我国各地图书馆逐渐兴起兴办舞台展示活动，如中华诗词朗诵会、民族乐器演奏会、民间工艺展示。其中朗读活动尤为受欢迎，如温州市图书馆的"阅

---

① 何洋，王政 . 打造图书馆传统文化阅读推广的新模式——以古诗词吟唱公开课为例［J］. 图书馆建设，2018（7）：81.

秀汇"朗诵社、南京金陵图书馆"朗读者"项目、张元济图书馆成立的涵芬朗诵团、深圳图书馆的"深图朗读社"等，都引起了社会的广泛关注。这些朗读计划往往都是系统组织，常年招募，不分年龄，定期培训，线下展示，线上分享，其中朗读的内容往往离不开中华古诗词和古代名家名篇，对市民体悟中国古代文学的魅力帮助甚大。

3. 重视亲身体验

古人云："纸上得来终觉浅，绝知此事要躬行。"要深刻领悟传统文化的精妙，仅仅依靠眼睛"看"和耳朵"听"肯定是不够的。为此，图书馆在举办传统文化阅读推广活动时，也往往注重读者的参与，将所学到的传统文化知识运用到现实生活当中。

由图书馆举办的古籍修复体验活动，既让馆藏尘封已久的古籍文献重新得到世人的聚焦，同时也让年轻一代对传统装帧技术、书法艺术以及文献出版传播等产生新的兴趣。目前，这一类型的阅读推广活动火遍大江南北，各地图书馆（如国家图书馆、浙江图书馆、济南市图书馆、广西大学图书馆、深圳图书馆等）纷纷利用馆藏古籍，使读者在专业古籍修复馆员的引导下，学习基础性的古籍修复知识，尝试体验书叶修补、拓印等环节，进一步感受传统文化的神圣和厚重。

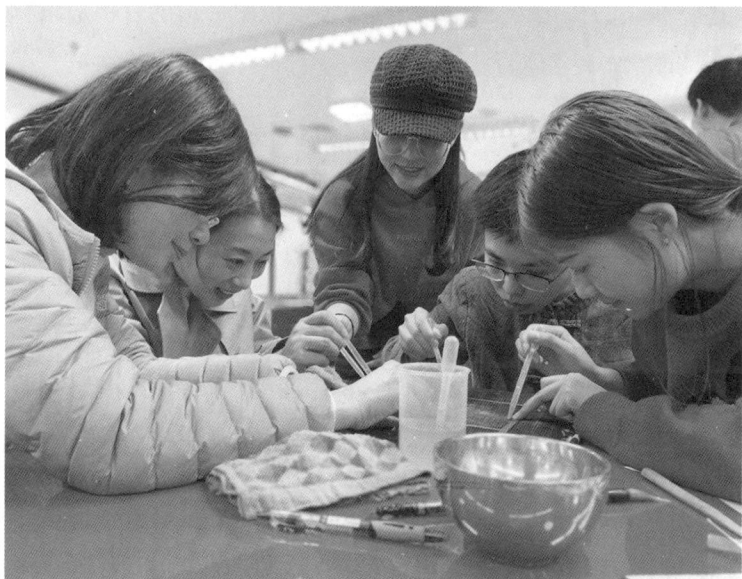

图1-6 深圳图书馆举办面向社会的古籍修复培训班

4. 创新传播载体

要让中华传统文化在新时代焕发光彩，离不开新技术和新媒体的应用。通过传统与现代的结合，我们的阅读推广活动能够跨越时间和空间的阻隔，适应当代人的生活习惯和生活节奏，让传统文化阅读推广的活动成效和活动影响实现最大化。

建立数字化平台。如湖北省图书馆于 2016 年正式推出的国学阅读推广网络平台"数字国学馆"，依托其馆藏资源，利用总分馆制的服务体系优势，以网站、移动终端、触控阅读终端等多种电子渠道向读者提供和推送优秀传统文化数字资源。①

利用自媒体平台。如山东省图书馆依托"尼山书院"品牌，以"图书馆 + 书院"的模式推广传统文化，并早在 2015 年即申请认证了"尼山书院"微信公众号，定期推送传统文化相关主题文章，介绍图书馆传统文化阅读推广活动，更精准地向用户传达文化资讯。

借助 VR 技术。如国家图书馆、西藏自治区图书馆、天津图书馆等都举办了"VR 诵经典"主题活动，以春夏秋冬为线索，借由 VR 技术构建传统文化与经典诗词体验空间，具有新颖别致、意境优美、身临其境、寓教于乐的特点。"图书馆 +VR"这一新颖的文化传播形式，改变了传统图书馆的古板形象，也给群众带来了沉浸式的传统文化体验。

（五）结合传统节日和地方文化，深挖传统热点和内涵

随着人们对图书馆的认识逐渐深入，人们越来越倾向于在节假日到图书馆休闲、充电，而各大图书馆也纷纷抓住这一机遇，及时组织各类读者喜闻乐见的活动，让人们能在图书馆收获更丰富的知识和文化体验。我国的节假日中有不少与传统文化息息相关，譬如春节、元宵节、清明节、端午节、中秋节、重阳节，等等，图书馆结合传统节日文化推出相关的阅读推广活动，既能为到馆读者提供庆祝节日的平台，又能在潜移默化中加深人们对传统文化的认识，起到相得益彰的效果。如深圳图书馆连续举办 5 年的"中国传统文化年"品牌活动（包括送春联、学民俗、

---

① 张小仲.论中华典籍资源在阅读推广中的价值及其建构——以公共图书馆国学特色推广为视角
  ［J］.上海高校图书情报工作研究，2018（1）：53.

赏民乐、猜灯谜等活动），烟台开发区图书馆尼山书院在端午节举办的系列活动（包括"绘本话端午""端午节民俗文化知识问答""诵读端午节诗词""彩泥粽子妙趣手工制作"等活动），北京市西城区第一图书馆举办的中秋节系列活动（包括古琴赏月、灯笼制作、古今探月讲座、中秋故事会等活动），皆为应节之举。

地方文化也是图书馆推广传统文化的另一个热点。地方图书馆往往利用自身馆藏的地方文献，深入挖掘整理当地的史料记载、地方记忆、非物质文化遗产、乡贤文化等，并通过形式多样的活动向民众推广，让地方传统得到延续的同时，也增强了民众的地方认同和民族团结。如上海图书馆近年推出的家谱知识服务平台，不仅提供馆藏家谱线上检索，还创新采用"众包"模式，面向普通读者提供上传家谱、在线识谱、在线修谱等免费服务，让大众参与到家谱数据库的建设当中，进一步提升民众对家族历史和姓氏文化的兴趣。又如首都图书馆通过打造"北京记忆"网站，以百余年馆藏、北京地方文献近 60 年专藏为依托，又增加近年整理的非遗传承、口述历史等内容，让市民得以饱览北京历史文化，网站还设有互动栏目，鼓励市民把身边故事和历史资料上传，供人们进一步整理挖掘。

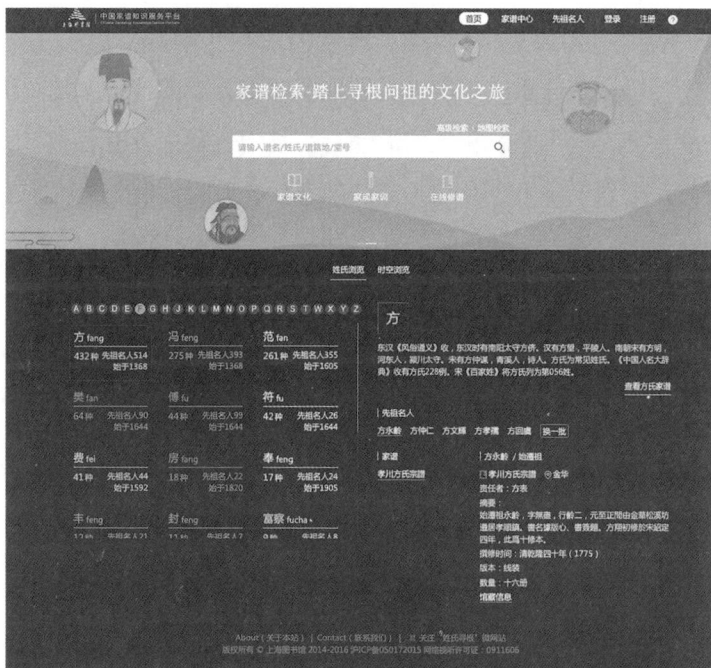

图 1-7 上海图书馆近年推出的家谱知识服务平台网站页面

二、传统文化阅读推广存在的困境

传统文化阅读推广在全国图书馆积极开展的同时，也逐步暴露出了一些问题和短板，需要引起我们的重视，并进一步克服和改进。这些问题包括：

（一）学术研究层面：重实证，轻理论

针对传统文化阅读推广这一课题，较多倾向于实证的案例研究，而理论研究仍然匮乏，实际上，我们对传统文化的研究成果可谓浩如烟海，而阅读推广的相关理论研究也在近年不断深入，但如何将二者有机结合，提出具有高度和深度的指导理论，这一问题仍有待解决。

（二）文献资源层面：长于推广，短于挖掘

经过近年来同人的努力，我们阅读推广人在推广宣传方面已渐渐掌握了一套方法，往往能在活动形式、载体和互动等方面做出熟练的应对，但一旦涉及传统文化的领域，则往往显示出馆员对传统经典的认识水平参差不齐，尤其缺乏成体系的、贯通古今的文化认知，致使对传统文化相关文献资源的挖掘难以深入和精专。

（三）活动组织层面：相对分散零碎，有待优化整合

或许由于传统文化体系过于庞大，各地图书馆开展的传统文化阅读推广活动往往缺少品牌整合，若干主题相关的活动，在组织过程中各有各做，致使主题分散，不利宣传；策划安排上也存在一定的随意性，有时没有充分征求专家和读者的意见，闭门造车，使得活动内容的准确性和可信度大打折扣。

（四）推广效益层面：偏重短期成效，缺乏长效机制

目前图书馆传统文化阅读推广更多的是一次性、不定期的活动，有时在一个时间段密集推出活动后，则趋于平静，形成活动断层，缺少前后呼应。传统文化的学习和推广往往是细水长流、润物无声的，一时的即兴推广难以长期维持，对民众了解传统文化也收效不佳。

三、传统文化阅读推广的改进方法

针对上述问题，阅读推广人应当时刻开动脑筋，结合实际，思考解决之道。下面仅提供一些路径供同人参考。

（一）构建体现中国特色的传统文化阅读推广理论

从宏观角度看，一套科学且经得起考验的理论是指导我们阅读推广工作的制胜法宝。对此，直接从事阅读推广工作的一线馆员往往较为忽视，致使工作容易陷入瓶颈，缺乏创新。其实，一线馆员应当时刻关注科学前沿研究（如国际图联的最新战略报告、图情学科的热点议题），了解行业的最新发展动向，寻找工作创新的灵感，同时结合国家和当地出台的最新政策文件（如涉及区域发展定位、文化发展指引等），明确国家和当地的目前工作之需求，有针对性地提出工作设想。进一步而言，针对传统文化的理论议题，还应当提高到文明对话的角度，立足中国，放眼全球，为各国的文化阅读推广工作提供中国经验，构建中国模式，提升中华文明话语权。

（二）努力提升馆员传统文化素养

我们的中华优秀传统文化博大精深，涵盖万千。要做好阅读推广工作，对馆员的自身传统文化素养提出了高要求，尤其对于馆藏的文献资源，应当有成体系的基本认识，除了有图书馆学、目录学、文献学等知识作为工具支撑外，还应具备一定的文、史、哲等学科背景，对于图书馆所在地的地方文化也应多做了解。只有这样，我们才能针对本馆和本地的情况，更好地推荐传统文化相关文献资源，建立分众阅读、阶梯式阅读，以及推广地方文化。

（三）树立品牌意识，提升活动质量

要把传统文化阅读推广做好、做大、做强，各图书馆需要加强顶层设计，树立品牌意识，努力把相关活动进行有机整合，尤其需要加强本馆（或本地）特色元素，避免雷同。同时还要注意结合时政热点，配合上级部门的宣传部署，做好前期组织调研，及时从传统文化中寻找和提炼相关主题，发挥创意组织系列活动。活动结束后应做好记录，并收集读者意见，总结经验，不断优化、改进。

（四）完善评价考核，建立长效机制

弘扬中华优秀传统文化作为一项全国性的重要文化工程，并非一朝一夕就可完成，因此，我们在评价传统文化阅读推广的活动成效时，也需要顾及连贯性和长效性。现行的阅读推广评价体系，对活动影响力的考核，普遍欠缺长期影响的

考量，这与传统文化这一特殊而又重要的阅读推广类型存在不相协调的矛盾。要化解这一矛盾，我们需要把目光放长远，应根据传统文化的特点做出新的评价尝试，我们相信，通过决策阶层的引导把握，社会力量的引入参与，以及阅读推广人的深耕细作，传统文化阅读推广必能成为全民阅读的重要组成部分，以及图书馆事业发展的新增长点。

第二讲

传统文化的文献选择与开发

　　中华民族不仅创造出丰富的物质文化，也创造出璀璨的精神文明。这些文明成果大都记录于数十万种文献典籍中，阅读这些文献典籍，尤其是那些经过历史和时间检验的经典著作，是我们了解、认识、研究中国传统文化的主要途径。因此，传统文化阅读推广，文献选择是基础，而文献开发则能使传统文化焕发新的光彩，提高阅读推广的成效。

第一节　传统文化与中华典籍

　　中国传统文化内容丰富、博大精深，而负载着传统文化的文献典籍可以说是汗牛充栋，例如，有以"四书五经""十三经"为代表的经书，以"二十四史"为代表的史书，以《永乐大典》《古今图书集成》等为代表的类书，还有以《四库全书》为代表的丛书。面对着包罗万象的传统文化和数量庞大的各种典籍，我们无法全面展示，一一列举，所以，为便于读者选择与阅读，本讲不采用传统的四部分类法全面系统地阐释传统文化与中华典籍，而从哲学、文学、史学、艺术、科技、生活等方面，选取传统文化中那些具有代表性的人物、典籍或成就，以点带面，概述如次。

一、哲学

　　中国古代哲学思想源远流长、自成体系，是构成中国文化整体特征的一个核心要素，是中华民族的灵魂。古代中国主要有儒家、道家、法家、墨家等哲学流派，其中尤其以儒、道、墨三家影响最为深远。

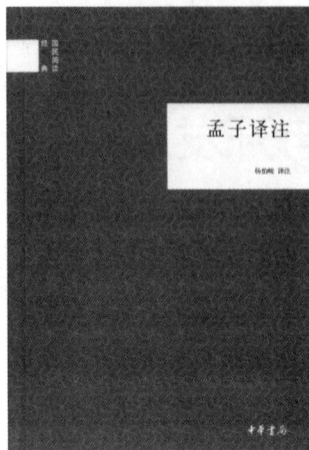

图2-1 《孟子译注》

（一）儒家

儒家文化是以孔子思想为主导，以"仁、义、礼、智、信"为做人做事的根本。先秦儒家的主要代表人物为孔子、孟子、荀卿，其代表著作有《论语》《孟子》《荀子》。儒家经典主要是"十三经"。起初，孔子"治《诗》《书》《礼》《乐》《易》《春秋》六经"，后《乐经》失传，流传下来的只有《诗经》《尚书》《仪礼》《周易》《春秋》，到东汉时代又加上《论语》《孝经》，在唐朝时又加上《周礼》《礼记》《春秋公羊传》《春秋穀梁传》《尔雅》，共十二经，在宋代加上《孟子》，共十三经，后有宋刻《十三经注疏》传世。[①]

（二）道家

图2-2 《庄子》

道家提倡道法自然、清静无为，倡导人与自然和谐相处。道家创立人是老子，代表人物是庄子。道家学派的主要经典是《老子》和《庄子》，另外，《管子》《吕氏春秋》《黄老帛书》《列子》《淮南子》等古代典籍或是道家的代表作，或保留了丰富的道家思想资料。[②]

（三）墨家

墨学在战国时期影响很大，与儒家均为"显学"，其创始人为墨子，并有《墨子》一书传世。墨子在先秦时期创立了以几何学、物理学、光学为突出成就的一整套科学理论。[③]在墨子的思想体系中，"尚贤""尚同""兼爱""非攻""节

---

① 黄高才.中国文化概论［M］.北京：北京大学出版社，2016：37.

② 冯雪燕，杨汉瑜.中国传统文化［M］.济南：山东大学出版社，2018：57.

③ 黄高才.中国文化概论［M］.北京：北京大学出版社，2016：48.

用""节葬""天志""明鬼""非乐""非命"十大主张占有十分重要的地位。①

（四）法家及其他各家

法家是战国时期以法治为思想核心的重要学派。其思想先驱可追溯到春秋时的管仲、子产，实际创始者是战国前期的李悝、吴起、商鞅、慎到、申不害等。战国末期的韩非子是法家思想的集大成者。法家的代表著作有《韩非子》等。

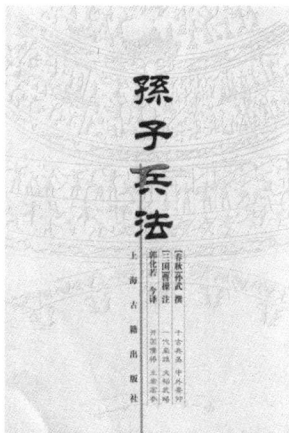

图2-3　《孙子兵法》

中国古代的其他哲学思想还有以博采各家之说见长的杂家学派，其主要代表人物是吕不韦和西汉淮南王刘安。杂家代表著作有《吕氏春秋》和《淮南子》。以邹衍为主要代表的阴阳家学派，其代表文献主要有《周易》《邹子》等。还有以春秋时的孙武、司马穰苴、战国时的孙膑、吴起、尉缭、商鞅、赵奢、白起，汉初的张良、韩信等为主要代表的兵家，留存至今的代表著作主要有《黄帝阴符经》《六韬》《三略》《孙子兵法》《吴子》《尉缭子》等。纵横家学派的创始人是鬼谷子（王诩），主要代表人物有苏代、姚贾、苏秦、张仪、公孙衍等，代表著作有《鬼谷子》14篇传世。

（五）两汉经学及宋明理学

经学是一种训解或阐述儒家经典的学问，其内容十分广泛，几乎涵盖了中国文化的各个方面。经学分今文经学和古文经学两种。前者是对用今文文字（即隶书）书写的经典进行解释，其代表人物是董仲舒；后者是对用古文文字（即篆书）书写的经典进行解释，其代表人物是马融、郑玄等。②

理学又称"道学"，是两宋时期产生的主要哲学流派。理学以儒家学说为中心，兼容佛道两家哲学理论，其实质是一种新儒学。宋明理学大致分为"程朱理学"和"陆王心学"两个阶段。"程朱理学"的核心是"天理"说和"格物致知"论，由程颢、程颐创建，朱熹为集大成者。南宋后，程朱理学成为长期居于统治

---

① 郝立新.中国传统文化［M］.北京：清华大学出版社，2016：138.
② 马怀立，姜良威，张毅.中国传统文化［M］.天津：天津人民出版社，2018：37.

地位的官方哲学。陆九渊是宋明时期心学的开山之祖，王守仁则是集大成者，"陆王心学"是理学发展的新阶段，其核心是"心即理"和"心外无物"，即便是"知行合一"说，也是强调知和行都产生于心。陆王心学在明中期以后得到广泛传播。《近思录》和《王文成公全书》是研究宋明理学非常重要的两本著作。《近思录》是朱熹会同吕祖谦编纂的"北宋四子"周敦颐、程颢、程颐、张载的语录。《王文成公全书》是由王守仁门人将其全部文献资料整理汇编而成，其中公认研究阳明先生思想最好的入门书籍是《传习录》。

二、文学

中国文学传统几千年来从未中断，从《诗经》《离骚》，到汉朝的辞赋，再到盛唐的诗歌，以及其后的宋词、元曲、明清小说。在源远流长的历史进程中，中国传统文学涌现了诸多优秀的作品，出现了多姿多彩的文学体裁、题材、风格、流派，生动地展现了中国文化的精神内涵，成为中国文化乃至世界文化的珍贵遗产。

（一）先秦文学

先秦文学主要有古代神话、诗歌、散文等。其中，保存神话较多的古籍有《山海经》《淮南子》等，《诗经》与《楚辞》是古代诗歌的两座高峰，先秦历史散文中《左传》《尚书》《春秋》《国语》《战国策》文学性较强，诸子散文中具代表性的主要有《老子》《论语》《墨子》《孟子》《庄子》《荀子》《韩非子》等。

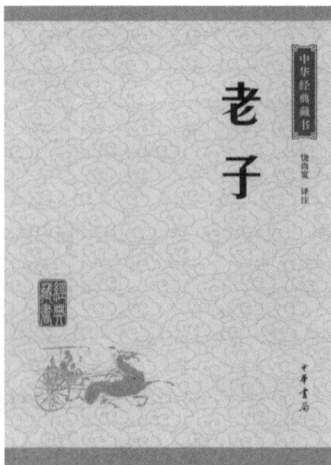

图2-4 《楚辞选》　　　　图2-5 《老子》

（二）秦汉文学

秦朝代表性作家李斯的《谏逐客书》是文学作品中的名篇。而汉代文学的主要成就集中在汉赋、诗歌和史传文学等几个方面。

汉赋是在汉代出现的一种有韵的散文，它的特点是韵散结合，以铺叙为主。[①] 汉赋的代表有贾谊的《吊屈原赋》和《鹏鸟赋》、枚乘的《七发》、司马相如的《子虚赋》和《上林赋》、扬雄的《甘泉赋》、班固的《两都赋》，以及张衡的《二京赋》。

汉乐府是继《诗经》之后，古代民歌的又一次大汇集。我们所熟悉的《陌上桑》和《孔雀东南飞》都是汉乐府民歌。《孔雀东南飞》与《木兰诗》合称"乐府双璧"。文人五言诗的主要代表有班固的《咏史》、张衡的《同声歌》、秦嘉的《赠妇诗》、辛延年的《羽林郎》等，《古诗十九首》是文人五言诗的杰出代表。

史传文学著作有司马迁的《史记》和班固的《汉书》。汉代政论文名篇有贾谊的《过秦论》和《论治安策》、晁错的《论贵粟疏》、桓宽的《盐铁论》、王充的《论衡》等。

（三）三国两晋南北朝文学

三国两晋南北朝时期，诗歌、骈文、文学理论等方面成就很大。

"建安文学"作家主要有"三曹""七子"，"三曹"指曹操、曹丕、曹植，"七子"指孔融、陈琳、王粲、徐幹、阮瑀、应场、刘桢，代表作品有《短歌行》《燕歌行》《白马篇》《七哀诗》等。

山水田园诗代表作家及作品有陶渊明的《饮酒》、谢灵运的《初去郡》。宫体诗的主要作者是萧纲、萧绎，以及聚集于他们周围的一些文人，陈后主陈叔宝及其侍从文人也是这类诗歌的代表人物。[②]

南北朝乐府民歌主要保存在宋朝郭茂倩编的《乐府诗集·清商曲辞》和《乐府诗集·梁鼓角横吹曲》中，《西洲曲》《敕勒歌》《木兰诗》等均是其中的代表作。

三国两晋南北朝时期的小说有志怪小说和志人小说，代表作有晋朝干宝的《搜神记》、刘义庆的《世说新语》。在文学理论方面，主要有曹丕的《典论·论文》、

---

① 朱法元，夏汉宁.中国文化ABC：文学与艺术［M］.南昌：江西人民出版社，2018：5.
② 黄高才.中国文化概论［M］.北京：北京大学出版社，2016：192.

陆机的《文赋》、刘勰的《文心雕龙》、钟嵘的《诗品》。刘勰的《文心雕龙》和钟嵘的《诗品》则是当时文学批评的"双璧"。

（四）隋唐五代文学

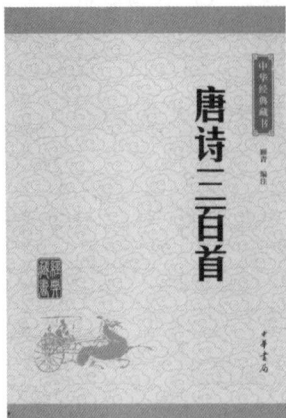

图 2-6 《唐诗三百首》

隋唐五代文学，特别是唐代，诗歌、散文、传奇小说等百花齐放，成就辉煌。

唐代是中国古典诗歌发展的全盛时期。唐代的许多诗篇在今天仍广为流传，其中由清代人孙洙选编的《唐诗三百首》便是家喻户晓的唐诗选本。唐代的诗人非常多，今天我们知道名字的诗人就有 2000 多人。他们的作品，保存在《全唐诗》中的就有 48900 多首。[①] 唐代诗人主要代表有"初唐四杰"即王勃、杨炯、卢照邻和骆宾王；山水田园诗人王维和孟浩然；边塞诗人高适、岑参和王昌龄；成就卓越的大诗人李白、杜甫、白居易、杜牧、李商隐等。晚唐时期的温庭筠是唐代在词的创作方面成就最高的；后蜀赵崇祚收集温庭筠、韦庄、薛昭蕴等词人的作品，编成《花间集》。

唐代散文也产生了一些传世名作，如王勃的《秋日登洪府腾王阁饯别序》、杜牧的《阿房宫赋》等。唐代散文的代表人物是韩愈和柳宗元等，二人皆有文集行世。唐传奇是中国古代小说成熟的标志，代表作有《南柯太守传》《柳毅传》等。

（五）宋元文学

宋元时期是中国古代文学的又一个高峰期，词、散文、话本小说、散曲等成就十分突出。

宋代词作者的主要代表人物有：柳永、苏轼、晏殊、秦观、周邦彦、李清照、辛弃疾、姜夔等。在诗歌方面，主要有黄庭坚、欧阳修、苏轼、王安石、陆游等。

北宋初期的散文家代表主要有王禹偁、范仲淹等；北宋中期主要有"唐宋八大家"中的六大家，欧阳修、苏洵、曾巩、王安石、苏轼、苏辙为主要代表；北宋后期的主要代表作家有陈师道、黄庭坚、秦观和晁补之等。

---

① 朱法元，夏汉宁．中国文化 ABC：文学与艺术［M］．南昌：江西人民出版社，2018：8．

宋元话本小说主要代表作品有《碾玉观音》《错斩崔宁》《新编五代史平话》《大宋宣和遗事》《大唐三藏法师取经诗话》等。

散曲是诗词之外的另一体式，是与元杂剧整套剧曲相对而言的，散曲的兴盛主要在有元一代。[1]关汉卿、马致远、郑光祖、白朴"元曲四大家"是主要代表作家。《拜月亭》《西厢记》《倩女离魂》《墙头马上》被称为元代四大爱情剧。马致远的《汉宫秋》、纪君祥的《赵氏孤儿》、康进之的《李逵负荆》、高文秀的《双献功》、石君宝的《秋胡戏妻》也是著名的杂剧。

图 2-7 《西厢记》

（六）明清文学

明代小说取得了很大的成就，戏剧也有较大的发展，诗文成就相对逊色。[2]及至清代，小说、戏剧、诗歌、散文和词等古典文学形式都再度辉煌，小说非常兴盛。[3]

明代有长篇小说《三国演义》《水浒传》《西游记》《金瓶梅》，白话短篇小说冯梦龙的"三言"和凌濛初的"二拍"，文言短篇小说有《剪灯新话》《剪灯余话》等。清代有《聊斋志异》《阅微草堂笔记》《醒世姻缘传》《说岳全传》《儒林外史》《红楼梦》《镜花缘》《儿女英雄传》《三侠五义》《荡寇志》《海上花列传》《官场现形记》《二十年目睹之怪现状》《老残游记》《孽海花》等。

明清戏剧代表作有明代汤显祖的《牡丹亭》《紫钗记》《南柯记》《邯郸记》，清代有洪昇的《长生殿》和孔尚任的《桃花扇》。

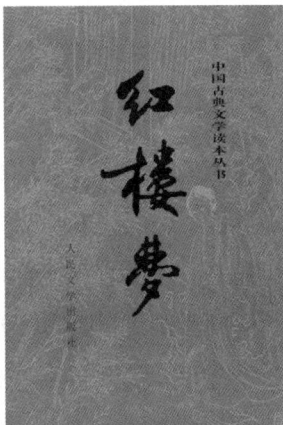

图 2-8 《红楼梦》

---

① 孙继民.一本书读懂中华优秀传统文化［M］.北京：中国社会科学出版社，2017：176.

② 郝立新.中国传统文化［M］.北京：清华大学出版社，2016：70.

③ 郝立新.中国传统文化［M］.北京：清华大学出版社，2016：80.

图2-9 《春秋左传注》

明代的散文作家以宋濂、刘基、马中锡、归有光以及"前七子"（李梦阳、何景明、徐祯卿、边贡、康海、王九思和王廷相）和"后七子"（李攀龙、王世贞、谢榛、宗臣、梁有誉、徐中行和吴国伦）为主要代表。清代的散文主要代表作家有"三大家"（侯方域、魏禧、汪琬）、"三先生"（顾炎武、黄宗羲、王夫之）、"桐城派"（方苞、刘大魁、姚鼐等）和清朝后期的梁启超等。

清代的词派和词人，陈维崧代表的"阳羡词派"、朱彝准代表的"浙西词派"、张惠言代表的"常州词派"，以及被王国维誉为"北宋以来，一人而已"的词作家纳兰性德比较著名。清代在诗歌方面的代表作者有吴伟业、王士祯、袁枚、郑燮、黄景仁、龚自珍等，清后期主要有黄遵宪、梁启超、柳亚子、苏曼殊、谭嗣同、秋瑾等。

三、史学

中国古代史学成就极为辉煌，诸种体裁的史学著作可谓应有尽有。梁启超曾说："中国于各种学问中，唯史学为最发达；史学在世界各国中，唯中国为最发达。"中国历来有盛世修史的文化传统，中华文明传承之所以延续数千年而从未中断，相当程度上得益于编撰历史的传统。在中国古代历史典籍修纂中，又以史书编修和类书、丛书编纂成果最为广博。[①]

现存先秦时期的历史文献，除了大量的甲骨文献和青铜器铭文外，还有《尚书》和《诗经》两部十分重要的著作。《春秋》标志着我国史学的产生，《左传》代表了先秦史学的最高成就。此外，先秦重要的史学著作还有《世本》《竹年纪年》《国语》《战国策》《逸周书》等。

秦汉时期，产生了第一部纪传体通史，司马迁的《史记》，第一部纪传体断代史，班固的《汉书》。东汉末年荀悦撰写了第一部断代编年史《汉纪》。

魏晋南北朝时期，呈现出了合称"前四史"的《后汉书》《史记》《汉书》《三

---

① 孙继民．一本书读懂中华优秀传统文化［M］．北京：中国社会科学出版社，2017：157.

国志》以及《宋书》《南齐书》《魏书》等一批史学名著。

唐初时期编撰的主要著作分别是:《晋书》《梁书》《陈书》《北齐书》《周书》《隋书》《南史》《北史》(此八部著作均被列入"二十四史")。此外,刘知己的《史通》和杜佑的《通典》是唐代史学成就较大的两部著作。五代后晋时的《旧唐书》是现存最早的系统记录唐代历史的一部史籍。

宋元时期,司马光的《资治通鉴》、郑樵的《通志》、马端临的《文献通考》,代表了编年、纪传、典制三种体裁的新成就。袁枢的《通鉴纪事本末》是纪事本末体史书的杰作。另外,六部"正史"断代史《新唐书》《旧五代史》《新五代史》《宋史》《辽史》《金史》也于这一时期编撰。

明清时期,有史料汇编《永乐大典》《四库全书》,有新著《元史》《明史》。这一时期,主要代表著作还有明代李贽的《藏书》与《续藏书》,以及中国最早的一部学术思想史专著黄宗羲的《明儒学案》,还有史论名著,王夫之的《读通鉴论》,更有清代三大考史名著,王鸣盛的《十七史商榷》、赵翼的《廿二史札记》和钱大昕的《廿二史考异》。此外,章学诚的《文史通义》足与唐代刘知己的《史通》比肩,是传统史学理论名著。

四、艺术

中国传统艺术极其丰富且灿烂辉煌。书法、绘画、雕塑、音乐、舞蹈、戏曲等都有着几千年历史的积累,极具民族风格,透着中华文明深厚的文化底蕴。

(一)书法

自秦汉始,汉字书法艺术快速发展,至魏晋南北朝以后,书家辈出,出现了一大批引领时代、影响后世的书法大家,产生了难以数计的传世佳作。[1]

汉末三国两晋时期主要书法家有张芝、蔡邕、钟繇、陆机、王羲之、王献之等,其中,王羲之的代表作《兰亭集序》被誉为"天下第一行书"。唐代的书法家较多,著名的有欧阳询、颜真卿、柳公权、张旭、怀素等,代表作品有颜真卿的《多宝塔感应碑》《麻姑仙坛记》《东方朔画像碑》《颜勤礼碑》《颜氏家庙碑》、柳公权的《神策军碑》《玄秘塔碑》等。宋代著名的书法家有苏轼、黄庭坚、米

---

① 黄高才.中国文化概论[M].北京:北京大学出版社,2016:101.

蒂、赵佶等。元代仍然盛行帖学，主要的书法家有赵孟頫、康里巎巎、鲜于枢、耶律楚材等。明代法帖传刻十分活跃，主要书法家有祝允明、文徵明、董其昌、徐渭等。清代书法家有郑燮、金农、包世臣、康有为等。

（二）绘画

中国绘画成绩斐然，题材广泛，可分为人物、山水和花鸟三大类。

人物画主要代表作家有如三国两晋南北朝时期的曹不兴、顾恺之、陆探微、张僧繇；隋唐时期的阎立本、吴道子、张萱；宋代的李公麟、张择端等。主要代表作有《女史箴图》《洛神赋图》《步辇图》《历代帝王图》《地狱变相图》《虢国夫人游春图》《清明上河图》《金明池争标图》等。

山水画隋唐有展子虔、李思训、李昭道、王维等；五代有荆浩、关仝、董源、巨然；宋代有李成、范宽、米芾、刘松年、李唐、马远、夏圭；元代有黄公望、王蒙、吴镇、倪瓒；明代有戴进、吴伟、沈周、文徵明、唐寅、仇英、董其昌；清代有石涛、八大山人（朱耷）、四王（王时敏、王鉴、王翚、王原祁）等。

花鸟画有唐代的薛稷、殷仲容、边鸾；五代的黄筌、徐熙；北宋的黄居寀、文同、苏轼；南宋的杨无咎；元代的温日观、柯九思、王冕；明代的陈淳、徐渭；清代的恽寿平、八大山人、石涛、金农、郑燮等。

（三）雕塑

中国雕塑文化源远流长，从河姆渡文化遗址出土的陶猪，到青铜器上的虎鹤，再到春秋战国的土俑陶俑、秦兵马俑、汉代霍去病墓的石兽，以及后世源源不断的宗教造像、民间小品，雕塑作品和传统一直连绵不绝。中国古代雕塑不论是精品数量，还是艺术质量，在世界雕塑史上都是独占鳌头。例如，被誉为"世界第八大奇迹"的秦兵马俑、现存年代最早的大型石雕——汉代的牵牛石像和织女石像、三国两晋南北朝时期的四大石窟、唐代的大足石刻和龙门石窟、宋代的晋祠圣母殿和灵岩寺千佛殿的彩塑，等等，都极具艺术价值。

（四）音乐

我们的先人以其非凡的智慧和灵性创造了极其丰富的古代音乐艺术作品。[1]

---

[1] 张应杭，蔡海榕.中国传统文化概论（第二版）[M].杭州：浙江大学出版社，2016：221.

例如，商代代表性的乐舞《大濩》《桑林》；周代创立了礼乐制度，出现编钟；秦汉设立乐府，其收集整理最有名的歌曲形式是"相和歌"；三国两晋南北朝有南方乐府民歌和北朝民歌；隋唐时期诗歌被纳入演唱歌曲中，并广泛吸收外来音乐；宋代陈畅编撰的《乐书》是我国最早的一部音乐百科全书；元明清时期，民歌小曲、民间歌舞音乐，以及带有商业性质的说唱、戏曲音乐，都获得了前所未有的艺术成就。

（五）舞蹈

周代整理了前代遗存的乐舞——六代舞（黄帝的《云门》、唐尧的《大咸》、虞舜的《大韶》、夏禹的《大夏》、商汤的《大濩》及周武王的《大武》）；春秋战国时期盛行巫舞和民俗祭祀舞蹈；汉代是中国乐舞、杂技等"百戏"艺术空前发展的时期，长袖舞是西汉时期所盛行的舞蹈之一；隋唐时期有史诗型舞蹈三大舞《破阵乐》《庆善乐》《上元乐》、健舞《剑器》《柘枝》《胡旋》《胡腾》、软舞《绿腰》《凉州》《春莺啭》《乌夜啼》，《霓裳羽衣》被誉为唐代舞蹈之冠；宋代舞蹈主要有宫廷队舞、民间队舞和百戏中的舞蹈，出自中亚石国的《柘枝》，流传到宋代还盛行不衰；元朝的宫廷队舞最著名的是赞佛舞蹈；明清时期的舞蹈分为宫廷队舞、戏曲舞蹈和民间舞蹈。各民族民间舞蹈绝大多数在明清时期已经定型成熟。

（六）戏曲

中国传统戏曲是包含文学、音乐、舞蹈、美术、武术、杂技以及表演艺术各种因素综合而成的艺术。[①]在众多的中国戏曲剧种之中，比较流行和著名的剧种有京剧、昆曲、越剧、豫剧、粤剧、秦腔、川剧、评剧、晋剧、汉剧、潮剧、闽剧、河北梆子、湘剧、黄梅戏、湖南花鼓戏等五十多个剧种，尤以京剧流行最广。

五、科技

中国古代科学有许多突出的成就，涉及学科也很广泛，如天文学、数学、农学、医学、地学、化学、物理学、生物学等，其中比较突出的是天文学、数学、医学、农学、陶瓷、建筑、金属冶炼等学科。

---

① 马怀立，姜良威，张毅.中国传统文化［M］.天津：天津人民出版社，2018：159.

（一）天文学

中国古代天文学的成就集中于天象记录、天体测量、历法制定、仪器制造等方面。例如：中国是世界上最早记载太阳黑子、彗星、新星、超新星爆发等现象的国家；战国石申编著的《石氏星经》是世界上最早的星表；秦汉时期，二十四节气已完全确立，司马迁等人编订了中国第一部较完整的历书《太初历》，张衡还写了一本天文学专著《灵宪》，绘制了标明星体位置的《灵宪图》；南朝祖冲之重新编订的《大明历》在我国历法史上第一次使用"岁差"；唐朝的僧一行和梁令瓒一起制造了黄道游仪，并且僧一行在世界上首次主持测算出子午线的长度，制定的《大衍历》比较准确地反映了太阳运行的规律；北宋沈括把四季二十四节气和十二个月完全统一起来编订《十二气历》，南宋杨忠辅编制的《统天历》以及元代郭守敬编制的《授时历》与现行通用的公历（格里历）精度完全相同，他还创制了简仪和高表等近20件天文观测仪器。

（二）数学

中国古代数学成就斐然。例如，早在商代就采用了十进位制的记数法，而且已经有了数的四则运算；西周时期已经有了勾股定理；春秋时期，正整数乘法口诀"九九歌"已形成；战国时期，出现了分数和体积、面积的计算方法，平、中、直、圆、方等几何概念已经形成，筹算（珠算的前身）已经出现；两汉时期，数学著作《周髀算经》和《九章算术》问世；魏晋时期，刘徽著成《九章算术注》；南朝祖冲之精确计算出圆周率在 3.1415926~3.1415927 之间；唐代王孝通写成《辑古算经》一书；宋元时期，高次方程数值解法、剩余定理、高次内插法和高阶等差级数求和等都达到了当时世界数学的巅峰。

（三）医学

中医药科技自古远的夏商开始问世，一直延续至今，经过几千年的发展，积累了丰富的医药理论知识和大量的实践经验，是古文化中的一颗璀璨明珠。例如，"医祖"扁鹊创造了"望、闻、问、切"四种诊断方法；战国问世、西汉编订了中医学最古老完整的典籍《黄帝内经》；东汉，中国第一部完整的药物学著作《神农本草经》产生，"神医"华佗发明了麻沸散和五禽戏，"医圣"张仲景著成《伤寒杂病论》；西晋皇甫谧著成针灸学专著《针灸甲乙经》，王叔和的《脉经》问世；

魏晋南北朝时期葛洪著成急救手册《肘后救卒方》，陶弘景编著了《本草经集注》一书；隋唐时期，产生了《诸病源候论》(50 卷)、《唐新本草》(53 卷)《千金方》(《备急千金要方》30 卷和《千金翼方》30 卷)等三部重要的医学著作，孙思邈曾绘制大型针灸挂图；宋元时期，唐慎微和王惟一分别编著了《经史证类备急本草》和《铜人腧穴针灸图说》；明代，李时珍的药物学巨著《本草纲目》问世，被誉为"东方医学巨著"，吴又可的《温疫论》首创温病学说，明末清代的温病学说形成完整的理论体系，其中有名的

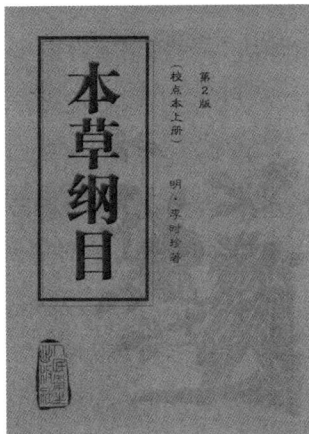

图 2-10 《本草纲目》

医家有叶天士、王士雄等人。今天，中国中医药科技成果已经被越来越多的国家所重视，在医学著作方面，《黄帝内经》《难经》《伤寒杂病论》《神农本草经》四大经典影响最为深远。[①]

（四）农学及其他科技

中国古代以农立国，重视农业科技，在农耕、园艺、畜牧、林业、养殖、农械等方面都有杰出成果。在农学著作方面，中国古代历代的农学著作大约有五六百种，[②]如《氾胜之书》《齐民要术》《农政全书》《吕氏春秋》中的农业技术篇等，其中最具有代表性的是贾思勰的《齐民要术》和徐光启的《农政全书》。

除了以上四个方面的全面辉煌外，中国古代在其他方面的技术也非常突出。如，影响最大的四大发明，受到世人推崇的瓷器，享有盛名的丝麻纺织技术，还有堪称"人类文化奇迹"的长城、京杭大运河、都江堰、灵渠等这些物质文化遗产。代表性的主要著作有战国时期的《考工记》和明朝宋应星的《天工开物》。《墨子》一书中也有关于力学和光学方面的记载。

六、生活

日常生活的范围很广阔，但主要的内容是衣、食、住、行和婚丧、节庆等民

① 黄高才 . 中国文化概论［M］. 北京：北京大学出版社，2016：256.
② 郝立新 . 中国传统文化［M］. 北京：清华大学出版社，2016：180.

俗。例如，在饮食方面，中国是茶的故乡，唐代陆羽写成了世界上最早的茶叶专著《茶经》；中国古代饮酒的历史也非常早。在服饰方面，中国传统服饰是中国人的传统服饰，被誉为中国国粹和中国服饰之代表，是中华民族乃至人类社会创造的宝贵财富。传统服装有两种基本形制，即上衣下裳制和衣裳连属制。在节日方面，中国的民间节日数量众多，节俗活动精彩纷呈。例如，在全国有影响的源于汉族的民间节日有春节、元宵节、清明节、端午节、七夕节、中秋节、重阳节等，少数民族的有蒙古族的那达慕、傣族的泼水节、傈僳族的刀杆节、彝族的火把节、白族的三月街、哈尼族的扎勒特、藏族的酥油花灯节、景颇族的目瑙纵歌，等等。

第二节　传统文化的文献选择

文献就像一面镜子，折射出人类文明的历程。我们要弘扬中华优秀传统文化，就必须得阅读传统文化相关文献，而体现传统文化的文献也是浩如烟海，多如牛毛，我们该选择哪些文献，又该如何选择这些文献呢？这是我们在开展传统文化阅读推广时面临的首要问题。

一、选择对象：经典是最佳的选择对象

反映传统文化的文献数量众多，质量也良莠不齐。经典凝聚了一个民族、国家的文化精髓，是众多传统文化典籍中的核心部分，无疑是上佳的选择对象。

（一）什么是经典

经典是一个语义十分丰富的概念，不同时期、不同领域的人对"经典"概念的解释各异。历史学家冯天瑜对经典的解释是："能够深刻的影响历史进程，给人的思想和观念施加强烈影响的古典文明文献，这些文献是某个民族、国家的历史上的'始典、首典、基本之典、原典、长典、正典、大典、美典、善典、上典、宝典等意蕴'。"[1] 文史学者刘梦溪这样概括：所谓经典，主要指在学科上有开辟意

---

[1] 姜海.令人困惑的"元典"和"元典精神"——《中华元典精神》读后［J］.中国图书评论,1999（3）：29–31.

义，对某一领域的研究有示范作用，既为后来者开启无穷法门，又留下了未决之问题供研究者继续探究。① 中国传统文化视野下，我们通常指那些经久不衰、具有典范性或权威性、经过了历史选择的、最有价值的书。② 经典是一个民族、国家历史上长期形成的价值体系，是文化的深厚积淀，能集中反映其文化本质，是传统文化中最精华的部分，最能体现民族精神。

（二）为什么选经典

梁启超就为什么要阅读传统经典，提出了两层意见。一是作为中国学人，就有必要读一些中国传统经典。他在《最低限度之必读书目》后的附言中说："以上各书，无论学矿学、工程学……皆须一读，若此未读，真不能认为中国学人矣。"二是不仅需要阅读必要的经典，对那些"最有价值的文学作品"和"有益身心的格言"，还需要熟读成诵。刘梦溪曾说："经典阅读是中华民族传统经典文化再构的重要途径。"③ 中华五千年历史孕育了丰富的历史文化，其中的经典文化更是展现中华文化的重要媒介，能够对社会的发展产生深远影响。不仅中国人注重传统经典，在美国，习读经典名著，特别是习读传统经典，同样是受人关注的话题。早在 20 世纪初，哥伦比亚大学就创设了"文学人文"和"当代文明"两门本科生的必修课，前者致力于提供一个欧洲文学名著的标准选目，后者提供一个哲学和社会理论名著选目，这两个目录包含了大量的西方传统经典。④

（三）经典选择范围

为进行传统文化阅读推广，引领公众重拾传统文化，图书馆等阅读推广机构可根据各类目标人群对传统文化的阅读需求和特点，有针对性地选择文献，打造多层次的基于传统文化阅读推广的文献资源结构。传统文化文献囊括了哲学、政治、经济、教育、文学、艺术、史学、宗教、科技、医学等多学科领域，不同的阅读推广机构在资源体系上应有所侧重，例如，公共图书馆可以文史哲及地方传统文化文献为主，大学图书馆则以文史及其重点学科的文献为侧重。

---

① 化月凡.对大学人文教育中经典阅读的理论审视［D］.华中科技大学，博士学位论文，2007：11.

② 郭英剑.经典阅读：读，还是不读——当代中外阅读的现状与前景［J］.新华文摘，2010（15）：134–137.

③ 刘梦溪.回归原典：国学与经典阅读［J］.出版参考（新阅读），2010（6）：4–6.

④ 王余光.阅读经典的意义［J］.语文教学通讯，2001（12）：1.

经典在传播的过程中，有人围绕经典的内容开发创造出许多新的经典，对于这些衍生出的"新"经典，有的是提炼了原著的精神要旨，有的是妙解了原著的现实意义，[①] 有的则是演义、改写、借用、反串，反其道而行之，成了"叛逆的文本""大话""戏说""恶搞"，成为流行一时的文化，如《大话西游》《水煮三国》《麻辣水浒》《戏说红楼》的出现，使古典名著面目全改。[②] 对于这些"伪经典"，我们必须谨慎选择。此外，传统有着不可回避的二重性，在选择文献时也要注意分辨。例如，中国传统文化一方面源远流长，辉煌夺目的灿烂文明维系着伟大的中华民族历经千年而不衰；另一方面在长期的封建社会的发展中，不可避免地产生具有消极意义的内容，表现出明显的历史局限性。在传统文化资源中，最突出的局限性就是浓重的封建性、封闭性和保守性。[③] 我们在选择传统文化资源时，应吸收其中有益的成分，对于其中消极的东西要注意分辨和摈弃。

二、选择方法：根据推荐书目选择经典

清代学者王鸣盛曾说过："目录明，方可读书；不明，终是乱读。"人们往往通过书目了解图书典籍状况，明晓读书门径。通过推荐书目来选择传统文化经典是一个比较简单方便的方法。

（一）专家学者推荐书目

从古至今，推荐书目在中国有着悠久的传统。例如元代初年，程端礼撰《程氏家塾读书分年日程》，明代末年，陆世仪在其所著《思辨录》中，为门人学子开列具体的阅读书目。到清代康熙年间，由李颙口授，其门人李士珫手录的《读书次第》，道光年间龙启瑞撰《经籍举要》，皆为指导学子治学之书，也都包含有书目举要的内容。近代以来，张之洞撰成《书目答问》一书，在历代文献中挑选两千两百余种经籍，指导诸生读书治学门径，对后世影响甚大。1957 年，张舜徽在华中师范学院历史系讲授"中国历史要籍介绍及选读"课程，著《中国历史要籍介绍》，后来，作者又加以修订，改名为《中国古代史籍要籍举要》。1942 年，

---

① 唐元明.将经典进行到底——试论一种持久的阅读取向［J］.中国编辑，2005（03）：45-47.

② 张筠.经典阅读现状的应对路径：回归原典［J］.图书情报工作，2013，57（13）：44-48.

③ 郭勤艺.思想政治教育传统文化资源开发研究［D］.武汉大学，博士学位论文，2016：43.

朱自清撰《经典常谈》列述中国传统典籍中的经、史、诸子及辞赋、诗、文渊源流变，除经典概述外，亦有经籍举要之意。1946 年，钱穆在昆明给文史研究班学生开列《文史书目举要》，1970 年，又在台北为中国文化学院历史研究所博士班开设"中国史学名著"课程，著《中国史学名著》，推荐史学名著 26 种。① 此外，还有一些专门收集著名书目的图书，对于传统文化文献的选择也具有很强的指导意义，比较有代表性的有《中国读者理想藏书》（王余光主编，光明日报出版社，1999 年版）、《中国阅读大辞典》（王余光、徐雁主编，南京大学出版社，2016 年版）、《理想藏书》（［法］皮埃尔·蓬塞纳主编，［法］贝尔纳·皮沃介绍，余中先、余宁译，上海人民出版社，2011 年版）、《为什么读经典》（黄灿然、李桂蜜译，译林出版社，2012 年版）等。

（二）机构团体推荐书目

在传统文化阅读推广如火如荼的今天，许多机构、团体开展形式多样的经典书目推荐。2001 年，教育部向各高校转发《高等学校中文系本科生专业阅读书目》，共推荐图书 100 种。国家新闻出版广电总局从 2004 年开始，每年会向社会公布 100 种适合青少年阅读的优秀图书，包括音像电子出版物。在这些推荐书目中，关于中国传统文化的图书作为重点列入其中。

（三）出版社策划出版丛书

出版界策划出版了许多以传统文化经典阅读为主题的丛书。此类丛书，出版社往往会组织业内专家、学者精心策划、编排，其中不乏精品，可重点关注。例如：

1."中华传世藏书"

此套丛书由浙江人民出版社和北京国学时代文化传播股份有限公司（国学网）依托全国数十所高校、科研单位 100 多位古籍专家，利用大数据和人工智能技术编纂而成的大型古籍整理项目，于 2018 年 9 月出版。这是一套囊括我国从先秦到晚清历代重要典籍的大型丛书。全书按传统的四部分类法，分经部、史部、子部和集部，共选收具有传世价值的中国传统典籍 690 余种，汇为 166 册，总计17.6 万页，约 2 亿字。本丛书荟萃了中华古代文明精华，凝聚了 5000 年中华智

---

① 许总. 经典阅读与人文精神重建［J］. 江淮论坛，2011（04）：159–167.

慧与文化结晶，囊括了中国历代最有思想与艺术价值的作品，从政治、军事、文化、艺术等各方面全方位反映了中华民族的文明成就。[①]

2.《中华优秀传统文化经典推荐书目》

中华书局于 2017 年 5 月 31 日正式发布。这份书目共有 233 种，分为语言文学、思想、历史、科技生活四个大类，挑选出能够展示中华民族核心思想理念、传统美德和人文精神，涉及中华文化各个层面的经典作品。这是一份面向社会大众的推荐书目，而不是一份面向专业读者的必读书目。这份书目的分类，没有采用传统的四部分类法、通行的中图分类法，更不是专业的学科分类，而是为了便于社会大众的一般性理解而做的简单归类，目的是方便读者选择和阅读。[②]

3."中华传统文化百部经典"

此套丛书由国家图书馆出版社从 2017 年开始出版。遴选中华传统文化中最具代表性的 100 部经典，萃取精华，赋予新意，深入浅出地进行解读，努力为广大读者提供一套立足学术、面向大众的古代典籍普及读本。书目上起先秦，下至辛亥革命，突破了传统的经、史、子、集四部分类法，力求做到广纳百家、百花齐放，不仅选入哲学、文学、历史等著作，还选择了一些科技类、艺术类等著作，充分展现了中华传统文化的广泛性和多样性。[③]

三、选择版本：选择合适的版本尤为重要

传统文化经典不仅涉及多学科、多领域，而且在文字表达、载体形式、阅读对象等方面也不同。如同一种经典，有原著、改写本、白话本，有纸质文献，也有音视频等电子形式，还有侧重学术研究的注解本，以及服务不同年龄阶段对象的图文本、大字本、通俗本等。因此，在选择文献的过程中，要选择合适的版本，以满足不同人群的需求，这在传统文化阅读推广工作中显得尤为重要。

---

① 《中华传世藏书》在京首发 2 亿字浓缩中国历代重要典籍 [EB/OL]．[2020-07-01]．新浪网．http://k.sina.com.cn/article_1708763410_65d9a91202000ox0d.html.

② 《中华优秀传统文化经典推荐书目》正式发布 [EB/OL]．[2020-07-01]．搜狐网．https://m.sohu.com/a/145276059_160261.

③ 《中华传统文化百部经典》全国推广活动在广东启动 [EB/OL]．[2020-07-01]．中国图书馆学会阅读推广委员会．http://www.lib-read.org/news/reportshow.jsp?id=1534.

（一）注重阅读对象

2015 年《辽宁大学校内大学生阅读行为调查报告》在问及"阅读经典著作的困境及被调查者期许的阅读形式"时，选择"语言晦涩不易读懂"的人数居第一位。[①]因此，我们在选择文献时，注意按照读者对象选择不同层次的文本。比如，中国文学名著，由于其产生的时代特性，其所用语言文字往往较为生涩难懂，难以用现在的语言习惯去阅读理解，易造成阅读全文比较困难的情况。我们可以按阅读对象的层次来选择相应版本，一般来讲，小学生或学前儿童可选图文本；中学生可选文白对照的译本；大学生选注译本；做专业研究的，可选注疏本、点校本、汇本。

（二）遴选出版社

按出版社选择质优版本。在中国传统经典方面，中华书局、上海古籍出版社、岳麓书社、齐鲁书社、浙江古籍出版社等出版单位的影印本、手抄本等较有韵味；文学类经典，人民文学出版社、作家出版社、上海译文出版社、译林出版社等是不错的选择；儿童类经典，中国少年儿童出版社、各省少年儿童出版社（如安徽、浙江、湖南等）、明天出版社、人民文学出版社等都可作为选择的对象。这并不是说其他出版社的书质量不佳，只是好的出版社，一般在某一领域深耕多年，专业态度和能力能保证在一个相对较好的水平，出版图书的质量也相对较高。

（三）考量著（译注）者

中外许多经典著作在流传的过程中会有不同的人对其翻译、注释、解读，由于不同著（译注）者水平上的差异，而且语言文字风格不尽相同，对经典的理解也相差较大，甚至是错漏百出，很容易误导读者。所以我们在选择不同版本的经典时，还需考量著（译注）者的功底以及其特点。比如《诗经》可以选择程俊英、蒋见元著的《诗经注析》（中华书局"中国古典文学基本丛书"之一种），繁体竖排，注解和分析都比较详细，并有注音；或者程俊英、周振甫的《诗经译注》（程本为上海古籍出版社"十三经译注"之一种，周本为中华书局"中国古典名著译注丛书"之一种）；褚斌杰著的《诗经全注》（人民文学出版社）等。[②]

---

① 尹博.中华传统经典阅读推广的问题及对策研究［J］.图书馆学刊，2016，38（05）：119-123.
② 李西宁，张岩.图书馆经典阅读推广［M］.北京：朝华出版社，2015：80.

（四）优选新载体

以纸介质为文字载体的书籍，或者以纸介质、绢介质为图像载体的画卷，在记录人类文明以及社会活动方面，在今人看来已具有比较大的局限性。譬如，书籍本身很难记录表演艺术中的各种动作，很难记录大量的乐调声谱，很难记录声情并茂的口头传说，很难记录各种手工艺的技能流程。对于以声音、乐曲、动作、技能为主的文明活动，用文字记录则显得十分苍白无力。[①] 所以，在选择传统文化经典时，要充分发挥新载体文献的优势。

经典的新载体形式包括如电子图书、有声图书、多媒体图书，以及根据名著改编的电影、电视剧等，这些均是读者喜闻乐见的形式，受到了读者的普遍欢迎。对于新载体形式的传统经典，由于网络上充斥着许多删减本、恶搞本等多种形式的版本，所以在选择这些载体文献时，尤其要注意其准确性和详略程度，我们要尽量选择一些正规的电子书或数据库。例如，"中华连环画数字阅读馆"，它不仅是文学与绘画两个艺术门类的完美结合，而且囊括了绘画艺术的所有画种与技法，连环画展示中国形象，讲述中国故事，体现中国精神。[②]

第三节　传统文化的文献开发

文献为记录知识的一切载体的统称，包含以文字、图像、符号、声频、视频等记录人类知识的各种载体。[③]它是人们表达思想感情、传播知识、交流经验、保存文化的有效工具。文献开发是指运用各种技术手段对文献的内容进行多层次的加工揭示和有序化，并根据读者需求和信息市场营销策略以多样化的产品形式提供给用户的工作。[④]蕴藏在浩如烟海的文献中的传统文化凝聚着古代人民的智慧，传统文化现代价值的体现，也就有赖于传统文化的文献开发与利用。

① 耿相新.传统文化资源出版产业化前瞻［J］.编辑之友，2010（02）：28–31.
② 中华连环画数字图书馆［EB/OL］.［2020–07–01］.中华连环画数字图书馆.http：//www.zhlhh.com/szlib.
③ 文献［EB/OL］.［2021–06–24］.辞海官方网站.http：//www.cihai.com.cn/baike/detail/72/5581373.
④ 杜克.文献信息开发工作［M］.北京：北京图书馆出版社，2001：4–5.

一、文献开发的作用

文献资源的开发是文献利用的基础和前提。对于传统文化的文献开发、挖掘的意义也恰恰在于传统文化精神对于现代生活的启迪。

（一）实现传统文化的承续保护

传统文化包罗万象，博大精深，它作为一种传统与习惯，早已渗入人们的血液中，刻画了深厚的民族认同、民族自尊、自信与自豪，充分体现了"以文化人"的卓越功能。我们做传统文化阅读推广最基本的目标定位就是对优秀传统文化资源的继承与保护。现代应用技术为传统文化资源，尤其是文化遗产提供了新的保护、传承和传播平台。如由中山大学中国非物质文化遗产研究中心、中国古文献研究所与社会科学文献出版社合作建设的"中国非遗保护数据库"和"中国俗文学文献数据库"，2017年正式上线营运，标志着非遗与传统文化的保护传承进入数字化时代。"中国非遗保护数据库"的数据资源来自中山大学中国非物质文化遗产研究中心宋俊华教授团队收集的珍藏史料文献，包括，田野调查的图片、笔记与音像，传承人资料，以及皮影戏相关的研究专著及论文。"中国俗文学文献数据库"的数据资源来自中山大学中国古文献研究所黄仕忠教授团队编纂的《子弟书全集》，以及来自其他学者及研究机构的学术资源和互联网资讯等。[①]

（二）促进全社会的自主创新活动

作为知识的载体——文献，具有对传统文化的存储功能，为人类文化的继承与创新提供了基础条件，对它的开发，原苏联学者尼·瓦·贡恰连科（Mykola Vasyl-ovych Honcharenko）在《精神文化》一书中认为"新一代便不必去寻找已经找到的东西，发明已经创造出的东西。对文化遗产的了解，会有助于人们去思考古代人的劝告：不要去做已经做过了的事情。按照已经达到的作为出发点，社会便缩短了通向实现自己目标的路程。"[②]只有不断地收集、补充、加工传统文化文献信息资源，使其有序化和具有可检性，形成新的文献，进而产生社会和经济

① 传统文化保护与传承进入数字化时代［EB/OL］.［2020-07-01］.搜狐网.http://www.sohu.com/a/203213467_558429.

② 尼·瓦·贡恰连科.精神文化：进步的源泉和动力［M］.戴世吉，张鼎芬，王文郁，译.北京：求实出版社，1988：49.

效益，才能使古老的文化焕发新的异彩，实现其文献价值与社会价值，使人类文化不断延续，社会不断向前发展。青蒿素的发明是一个典型的例子，用青蒿治疗疟疾源于晋朝葛洪《肘后备急方》，其卷三（治寒热诸疟方第十六）记载："青蒿一握，以水二升渍，绞取汁，尽服之。"一千多年来，人们用青蒿治疟疾多用煎剂，临床效果不太理想。1971年中医研究院的科研人员查阅上述这段文章得到启发，为什么古人要绞汁生用而不用煎剂？经过开发与实验，终于验证了青蒿的主要有效成分是青蒿素，它的水溶性很差，而且在60℃以上就分解失效，于是用有机溶剂低温提取技术获得成功。①

（三）提升传统文化阅读推广效果

图 2-11 《论语译注》

对传统文化文献进行开发，可以清除冗余和杂质，变零散为系统，变无序为有序，归纳、提炼出新的知识，生产出符合各个层次读者需求的信息产品。例如，2015年"第二届伯鸿书香奖"通过微信公众号平台推出的经典注释评点类书目中，就根据读者对象和文本特点对10种《论语》注释评点本进行了区分，有不同阅读需求的读者从而可以便捷地在复杂的文本体系中找到适合自己的版本。利用新信息技术开发新载体文献，对传统文化进行重新"翻译"，也使传统文化受到更广泛的关注。例如，2010年，《清明上河图》在上海世博会上以全新的、动态的方式展出，栩栩如生的活动和画面让人们眼前一亮，这是由现代投影技术还原出来的逼真效果。在北京开展的"走进清明上河图"音画展示，则通过现代音频技术，向人们生动形象地展示了北宋时期京城的繁荣市景。

二、文献开发的原则

由于传统文化文献的类型多样，内容丰富，且面对的用户需求不一，因此，要科学、合理、有效地开发传统文化文献资源，应该坚持以下基本原则：

---

① 樊爱国.浅谈中医药文献开发与利用［J］.江西中医学院学报，2001（02）：87–88.

（一）承续性原则

传统文化是一个内容丰富庞大的资源体系。对这一体系的开发，首先是要能够将这一庞大的内容不间断地承续下来，在其基础上，保护传统文化资源的完整性、原始性、连续性，并进行革新。承续原则是传统文化资源开发的基本原则。当然，传统文化资源难免有糟粕之处，我们应该批判地继承，取其精华，去其糟粕。

（二）针对性原则

针对性就是为特定的用户找到确定的文献开发，满足用户的特定需要，实现文献开发内容与对象的最优匹配，即文献资源开发的成果，受读者需求关系的制约。开发的内容能否被传承、推广、普及进而被社会普遍认同是衡量传统文化文献开发优劣的重要标准。任何文献开发都是在特定的时间、场合下对特定用户的特定需求产生效用，无论何种文献开发都必须针对用户文献开发需求才能得以存在和发展。只有明确响应读者群体的需求，文献开发才能做到有的放矢，将传统文化与当代需求相结合。①

（三）系统性原则

从系统论出发，系统的整体目标的实现是全部要素共同作用的结果，系统的效率取决于全部要素的协同努力，而不能仅仅依靠某种或几种要素的作用。②传统文化资源的子系统从纵向来说包括了各个历史时期的传统文化资源，从横向来说包括了思想、文学、史学、艺术、科技等各个层面的优秀传统文化资源，各个子系统之间是相互联系的，如《三国演义》虽是文学名著，但其思想内容也包含了政治、经济、军事等其他方面，在许多领域也得到了广泛的利用。因此，我们开发传统文化资源既要加强传统文化资源中各子系统的单项开发，又要注重传统文化资源的综合开发。例如，除了中医专著外，我国的其他文化典籍中，如史传、地方志等，也散见大量的中医药资料，尤其是历代稗官野史、笔记丛谈等书，收载不少有价值的医方、医案、医论和医学杂记，这些都是研究中医药不可缺少的

① 吴晓波谈"新匠人"：将传统文化和当代需求相结合［EB/OL］.［2020–07–01］.百家号.https://baijiahao.baidu.com/s?id=1614290418789983111&wfr=spider&for=pc.
② 郭勤艺.思想政治教育传统文化资源开发研究［D］.武汉大学，博士学位论文，2016：43.

宝贵文献，有待人们开发与利用。^①

三、文献开发的方法

传统文化的文献开发，即是基于传统文化阅读推广的需要，从传统文化资源宝库中，通过各种方式或手段将分散的、潜藏的可以被利用的各种信息显露出来，使之有效服务于传统文化阅读推广的过程。一般可以从内容深度、载体形式和传播途径等多方面融合开发，更加深入、全面、立体地展现传统文化内容。

（一）多层次开发

图书馆对信息资源的开发包括一次、二次和三次文献信息开发，三个层次。一次文献信息开发是指对原始文献从形式、内容上做文献单元层次的加工、整理的活动，包括四个方面的工作：对原始文献的著录、分类标引和主题标引；剪报工作；翻译工作；资料汇编。二次文献信息开发是指对原始文献从形式、内容上做文献单元和知识单元层次的加工、整理的活动，包括书目编制、索引编制、题录编制、文摘编制等工作。三次文献信息开发是指在广泛搜集相关的一、二次文献并深入分析研究之后，综合概括为综述、述评、手册、百科全书、专题报告、文献指南等知识产品的活动。^②

图书馆领域一直有文献开发的传统，最早可以追溯到古代私人藏书的各种书目，到了近现代，索引、文摘、提要、综述、剪报等各项文献信息开发工作都已逐步在图书馆界普及并制定了各自的业务规范。近年来，全国掀起传统文化的阅读推广浪潮，图书馆针对传统文化的文献开发工作也在不断深入。由国家主持、国家图书馆联合全国图书馆开展的全国性古籍保护工程——"中华古籍保护计划"已实施十多年，该计划不仅在珍贵古籍的抢救与保护方面实现了重大突破，更在古籍资源的整理再造、挖掘研究与开发利用方面进行了积极探索，形成了"国学基本典籍丛刊"等重要成果。山东省启动了"全球汉籍合璧工程"，对境外中华古文献进行调查、回归、整理和研究，以完善中华古文献存藏体系，为传承发展

---

① 樊爱国.浅谈中医药文献开发与利用［J］.江西中医学院学报，2001（02）：87–88.
② 王揆芳.论信息资源的开发利用［J］.图书馆，2004（01）：81–83.

中华优秀传统文化提供系统典籍资源。[①] 复旦大学图书馆古籍部编的《四库系列丛书目录·索引》依原书顺序，分经、史、子、集四部著录四库系列 14 种丛书子目 18200 余条，每条记录包括书名（含卷数）、著者（含朝代）、版本、分类、出处（丛书册次）等款目，又以四角号码检字法分别编排各丛书子目书名索引及著者索引，索引款目包括经过拆合分并的参见与互著款目。

不仅图书馆，出版领域在对传统文化的文献开发方面也是重点着力，不乏优秀成果。如大象出版社的《中华优秀传统文化读本》，在内容选取上注重与社会主义核心价值观相契合的传统文化内容，重视对学生爱国、明礼、品行、修养等方面的培养。底本均选自权威的经典文献，如儒学十三经均以阮氏刻本为底本进行核对编校；介绍中国汉字演变的相关内容，则请语言学专家对采用的各类古汉字图片文献进行审查，确保内容的准确性。[②]

（二）多载体呈现

基于内容开发的二次、三次文献产品可以通过纸质型、数字型或其他新兴载体形式呈现。新时期，使用现代化的技术手段对传统文化的文献进行加工处理，使其成为能够共享、交流的实物数字资料，相应的功能也被激活，满足更多受众的需要，也为文献的利用提供便利。

开发新载体文献实现实体传统文化阅读和虚拟传统文化阅读推广相结合，已经成为时代发展的必然要求。在这种情况下，必须大力加强组织传统文化作品的数字化资源，不断提升网络传统文化作品的数量和质量，为传统文化阅读推广创造条件。例如，由北京爱如生数字化技术研究中心开发的中国基本古籍库项目，共分哲学社科、史地、艺文、综合四个子库，二十大类和一百个细目，收先秦至民国年间历代典籍一万余种，总计全文约二十亿字，图像约两千万页，内容总量约相当于三部《四库全书》。[③] 国家图书馆在所建特色资源库"敦煌遗珍"中尝试连接了有关敦煌和丝绸之路文献收藏机构以及文物保护的网站，以丰富读者对数

① 熊莉君.基于供给侧改革的图书馆经典阅读推广——兼论中华优秀传统文化的创造性转化与创新性发展［J］.图书馆理论与实践，2019（11）：12–17.

② 张韶闻.中小学传统文化教材融合开发路径探索——以大象出版社《中华优秀传统文化读本》为例［J］.中国编辑，2019（08）：62–66.

③ 耿相新.传统文化资源出版产业化前瞻［J］.编辑之友，2010（02）：28–31.

字化敦煌文献的认知，推进敦煌学研究。

特色数据库的建设也是文献开发的一个重要途径。如浙江省图书馆的越剧专题，内容涵盖越剧发展史、越剧剧目、流派唱腔、越剧表演、越剧演员、越剧舞美。又如，南京图书馆的江苏文化数据库中，包括戏曲家、戏曲作品、共享工程戏曲视频。再如，深圳市龙岗区图书馆已建成专门的地方文献和客家文献阅览室，收集龙岗地方文献和客家文献 1257 种 2560 册（件），包括图书、图片、多媒体资料等，并开发了"龙岗地方文献和客家文献数据库"。

（三）全媒体传播

"全媒体"的"全"不仅包括报纸、杂志、广播、电视、音像、电影、出版、网络、电信、卫星通信在内的各类传播工具，涵盖视觉、听觉、形象、触觉等人们接受资讯的全部感官，而且针对受众的不同需求，选择最适合的媒体形式和渠道，深度融合，提供超细分的服务，实现对受众的全面覆盖及最佳传播效果。除了深入开发不同层次、多载体形态的文献产品外，借助"全媒体"时代强大的传播力、引导力、影响力来促进传统文化的弘扬和传播，也是文献开发利用的着力点，同时也有助于提升传统文化阅读推广的效果。

国家图书馆的"文津经典诵读"项目，将从中华典籍中选取的代表性经典名句，以图文全文、译文全文和音频文献相结合的方式通过新媒体技术手段向读者推送。同时，辅以图书馆配套讲座的方式，帮助读者加深对古代典籍的阅读理解，从而引发读者感受和领悟中国传统文化的魅力。中国故宫博物院推出《皇帝的一天》App，这是一本由故宫博物院官方出品，专为孩子们讲过去的未来"书"，该应用以乾清门外的小狮子做向导，带领用户深入清宫，了解皇帝一天的衣食起居和工作娱乐，通过"文物卡片"和"霸气成就"的收集与奖励来保持应用的趣味性，保证系统的持续应用，以促进儿童的持续性阅读。[1]广西壮族自治区图书馆全国文化信息共享工程 2014 年地方特色文化专题资源建设项目"广西戏剧动漫（一期）"推广活动，以动漫模式传播戏曲文化。为推进国学经典教育的深入开展，临沂市图书馆每周在《鲁南商报》、一楼大屏幕、电梯广告、尼山书院网

---

[1] 王毅，雷鸣．面向阅读推广的公共图书馆文创产品开发研究［J］．图书馆杂志，2020，39（05）：28–42+54.

站中华经典古籍库栏目更新最新上架的国学经典，还编印《弟子规》《论语》《孝经》《三字经》等传统文化学习读本两万余册，配合国学讲座向读者推荐赠送。①天津泰达图书馆依托数字图书馆推广工程资源与服务，推出兼具文化性、知识性和互动性的戏曲文化主题展览，并在"世界读书日"活动期间，选取《梨园京韵》《竹林清韵》《流觞曲水》三个场景为读者提供 VR 数字文化体验，让读者能够近距离体验中国优秀传统文化魅力。②

除此之外，文创产品等形式的传统文化开发，也是传统文化对外传播的重要媒介，对于这些途径我们也可加以利用。例如：

国家图书馆典籍博物馆依托所藏典籍《庆赏升平》插图、甲骨及甲骨文、瓦当元素、漫画、舆图等，设计了公交卡、台灯、U 盘、手工皂、杯垫、名片盒、丝巾、文件夹、鼠标垫、书签等富有特色的文化创意产品。借助科技将文创产品的开发推广与策展、讲解结合起来，牵头全国几十家图书馆组成文创联盟，整合各馆力量，建设了资源、渠道与产品共享的"全国图书馆文化创意产品开发一体化平台"，深挖资源价值内涵和文化元素，使中华民族最基本的文化基因与当代文化相适应、与现代社会相协调，真正实现让收藏在禁宫里的文物、陈列在广阔大地上的遗产、书写在古籍里的文字都活起来。③

2018 年 9 月上海图书馆打出"我在上图修古籍"的标语，推出"《缥缃流彩》线装笔记本体验装"文创产品。缥缃流彩代表了绚丽多彩的古代书籍装潢，创意取自古籍装潢，取材于古籍文献，还原成古籍模样，让读者亲身体验古籍修复工作、体会古籍魅力的同时，领略古籍经典文化，提高其阅读古籍兴趣。④

---

① 井西翠. 论公共图书馆在中国传统文化传承和弘扬中的使命与担当［J］. 科技视界，2016（23）：259+262.

② 泰达图书馆多渠道普及京剧知识弘扬中华优秀传统文化［EB/OL］.［2020–05–01］. 文化随行网. http：//www.bhwh.gov.cn/home/content/detail/id/5980.html.

③ 熊莉君. 基于供给侧改革的图书馆经典阅读推广——兼论中华优秀传统文化的创造性转化与创新性发展［J］. 图书馆理论与实践，2019（11）：12–17.

④ 上海图书馆. 这本神奇笔记本，告诉你做古籍修复师是一种怎样的体验？［EB/OL］.［2020–05–01］. 上海图书馆微信号.https：//mp.weixin.qq.com/s/7CJju2nQgeHC3Um–JVyQxA.

传统文化阅读推广活动组织

党的十八大以来，习近平总书记全面肯定中华优秀传统文化的历史地位及价值，明确要求推动中华优秀传统文化的创造性转化、创新性发展。作为保存人类文化遗产和优秀文化传播平台的图书馆，将推广传统文化作为工作的重要内容，通过策划组织实施内容丰富、类型多样的传统文化阅读推广活动，有效推动并加强传统文化建设，提升市民素养，传承及发扬中华优秀传统文化，增强人们的历史认同感和民族自豪感，使传统文化在新的历史时期焕发生机，散发出智慧之光。

第一节　传统文化阅读推广活动的策划与组织

随着时代的发展和信息化技术的全面普及，图书馆的读者活动正在向常态化、多元化、系列化、规模化、品牌化方向发展，其策划方案也由单一、重复向富有科学性、效益性、创意性方向转变。优秀的活动策划不仅能保障活动有组织、有计划、有步骤地顺利实施和持续发展，而且还能极大地提升图书馆的影响力和辐射力。[①]传统文化阅读推广活动同样如此，一场好的传统文化读者活动既需要优秀的策划者围绕主题提供新颖、有吸引力的创意，同时需要优秀的组织者做好活动的组织实施，对各个流程进行科学把控，确保活动效果。

---

① 蔡冰.图书馆读者活动的策划与实施［J］.图书馆学刊，2009（7）：60.

一、创意策划

"兵马未动，粮草先行"，一场优质的传统阅读推广活动从创意策划开始。认真周密的创意策划不仅是阅读推广活动的逻辑起点，更是确保活动成功举办的基础和保障。近年来，图书馆越来越重视阅读推广的顶层设计，将读者活动前期策划放在极其重要的位置，浙江省图书馆学会就于 2011 年面向省内公共图书馆举办了"读者活动策划方案"大赛，11 个地市公共图书馆参赛，评选出了 21 个读者活动优秀策划案例在决赛中进行展示。

传统文化阅读推广活动创意策划是指活动组织者根据活动目标和要求，通过对需求、资源、技术、对象、平台等已有条件进行综合分析，设计出最佳的活动方案，具体可分为调研需求、设计主题、策划方案三个阶段。调研需求是前提基础；设计主题是核心关键；策划方案是结果保障。三个阶段相辅相成，相互依赖。

（一）调研需求

"没有调研，就没有发言权。"开展一项传统文化阅读推广活动之前，应当对此进行系统深入的调查和研究，其中读者需求是其中一项重要内容，需求调研的准确与否直接影响着传统文化阅读推广活动的最终效果。开展读者需求调研的方式很多，一般可分为三个层面：一是通过各种渠道直接获取读者的阅读需求信息，最常见的方法就是开展读者问卷调查、召开读者座谈会，也可以通过面对面交流、设置读者留言信箱、参考咨询等方式获得读者需求；二是可以通过对图书馆或阅读推广相关机构进行调研的方式获取同类服务对象的阅读需求；三是从权威阅读行业或相关机构的调查报告获得，如中国新闻出版研究院的《全国国民阅读调查》①、香港出版学会的《香港全民阅读调查》②。

调研读者需求的最终目标是根据调研结果策划相应的传统文化阅读推广活动，因此调研必须目标明确，具有针对性。具体而言，传统文化阅读推广活动策划的前期调研要围绕某一主题内容或特定对象展开，以问题为导向，调研方式要

---

① 全国国民阅读调查结果发布 仅一成国民一年读书超十本［EB/OL］.［2019–03–21］. 人民网 .http: // culture.people.com.cn/n1/2018/0419/c1013–29935841.html.

② 2018 香港全民阅读调查报告［EB/OL］.［2021–06–21］. 搜狐网 .https: //www.sohu.com/a/274896 705-263856.

多样，尽量避免单一方式。通过深入细致的前期调研，获取读者有关传统文化阅读的需求、意见、数据等基础资料，再通过归纳分析、挖掘提炼，力求能够客观真实掌握读者的阅读需求，为下一步活动主题的策划和活动方案的制订打下基础。

深圳图书馆从 2015 年开始每年在图书馆服务宣传周期间举办"阅读推广洽谈日"活动，读者阅读需求调查及阅读推广活动满意度调查是三项主要内容之一。除通过问卷调查外，活动策划组织人员还走到读者身边，与读者进行一对一、面对面交流，以便及时客观了解读者对图书馆阅读推广工作的需求和建议，从而更有针对性地策划活动，提升阅读推广工作品质。问卷调查通过线上扫码和纸质问卷填写两种方式进行，内容包括调查读者基本情况、活动频次、参与目的、倾向活动类型、参与效果等方面，涵盖与阅读推广活动相关的主要指标因素。调查结果显示，54% 的调查对象表示参与活动是"为了丰富自身知识"，50% 的读者更喜欢参加讲座论坛类活动，74% 的读者喜欢参加文学、艺术和历史类的主题活动。根据调查，深圳图书馆对已有读者活动结构进行了优化调整，有针对性地策划"古籍培训班""人文讲坛""中华经典与职业伦理"系列讲座等传统文化主题活动，受到读者欢迎。"阅读推广洽谈日"让阅读推广工作人员直接走向读者，面对面深入了解他们的阅读需求和对图书馆阅读推广工作的意见建议，通过这种方式，不但客观准确地调查了读者的阅读需求，增进对彼此的了解，拉近图书馆与读者的距离，还增强了读者使用图书馆的意识。这一倾听民意的便民交流活动受到读者欢迎，也对图书馆阅读推广工作开展具有指导价值。

图 3-1　深圳图书馆"阅读推广洽谈日"活动

（二）设计主题

创意是策划的灵魂，也是活动精彩纷呈、亮点频现的必要条件，需要智慧和灵感。设计主题是传统文化阅读推广活动策划的重要环节，也是核心关键，活动主题选择的好坏直接影响活动的效果。一个好的项目策划首先需要一个简洁明了、富有特色的活动主题，简洁明了便于记忆传播，富有特色则给活动赋予了旺盛的生命力，有利于活动的长期持续开展：

一个优质的活动主题的诞生，需要策划者拥有开阔的文化视野、多学科的综合知识、敏锐的信息捕捉力和相关的行业经验。从实践来看，创意不足是图书馆阅读推广工作普遍存在的一个难题，单靠个人的力量很难完成一个优秀的活动策划，需要集聚多人的智慧和力量，甚至需要专业的策划团队的支持，才能完成一个令人满意的活动策划。

宁波市江北区图书馆面向青少年开展了"美德存折"及"阅读存折"系列活动，该区的青少年读者可以在图书馆领取"美德存折"，其后只要做了助人为乐的好事就登记在"美德存折"上，每存 6 件就可以到图书馆"美德图书交换专架"上换取一本新书。这样的活动形式不仅激发了青少年传承中华民族传统美德的热情，同时也吸引了青少年了解图书馆、利用图书馆。[①] 为积极探索多样化阅读推广方式，厦门市图书馆策划了《厦门阅读手绘地图》及其文化创意产品，并以此为媒介和"孵化器"组织开展阅读推广系列活动，引导市民利用图书馆并了解厦门地方文化。活动主要包括三项内容，一是设计制作《厦门阅读手绘地图》，组织专业人员进行平面设计、包装及推广筹划。通过专业设计师活泼简洁的笔绘，详细标注厦门市、区图书馆及各分馆、汽车图书馆服务点、街区自助图书馆，特色书店等阅读场馆及其他厦门地标，以"爱阅读·游厦门"为主题，让阅读融入人们的生活。二是延伸设计"阅读 T 恤""阅读地图拼图"等具有《厦门阅读手绘地图》元素的系列文创产品。三是围绕主题开展内容丰富的推广活动，如举办阅读地图拼图大赛、"阅读·秋时光"图书馆"写真"系列活动。厦门市图书馆以"爱在厦图"为主题，在七夕节举办了有《厦门阅读手绘地图》元素的"阅读情侣装"图书馆"写真"活动。独一无二的情侣共读场景，浪漫的表达方式，吸引了 50 多对情侣

---

① 李丽霞.公共图书馆读者活动的策划［J］.图书馆建设，2013（4）：17–19.

报名参与。图书馆还组织了微信投票活动，为胜出的 7 对情侣免费拍摄 28 组写真照。在中秋节前夕又推出了"阅读全家福"家庭阅读"写真"专辑，倡导更多的家庭走进图书馆，享受阅读时光。①

深圳地区图书馆界自 2016 年开始创新策划每年在 4 月 23 日世界读书日当天举办"共读半小时"活动，主要在图书馆以外的如公园、学校、福利院、医院、工业园、商场、餐饮店等公共空间进行，鼓励选择中华优秀传统经典作为共读内容，用具有仪式感的共读行为，倡导"让阅读成为习惯"的理念。"共读半小时"活动从深圳出发，走到广东省，2019 年更成为粤港澳文化合作项目，共读点也从最开始的 23 个增加到 500 多个。作为大湾区城市文化合作与交流的重要阅读品牌，首届粤港澳"共读半小时"阅读活动于 2019 年 4 月 23 日下午在遍布粤港澳大地的"4+N"个会场同时举行，4 个主会场分别位于广州、深圳、香港、澳门，由广东省立中山图书馆、深圳图书馆、香港中央图书馆、澳门公共图书馆承办。当天，广东、香港、澳门等 20 多个城市、70 余家图书馆、超过 500 个地点开展共读，共读内容以经典为主，参与读者 6 万余人。参与者以同一时间共同阅读的方式，倡导热爱阅读的行为，共同营造出多元、丰富的书香氛围，阅读经典篇章、坚定文化自信、激发爱国情感、享受阅读快乐,增强粤港澳地区人民的文化认同感。

图 3-2 首届粤港澳"共读半小时"活动

---

① 付虹.阅读推广活动促进图书馆服务效益提升的实践探索——《厦门阅读手绘地图》策划案例分析［J］.图书馆杂志，2017（10）：51-54+77.

（三）策划方案

活动方案指围绕活动主题为某一项阅读推广活动所制订的书面计划，涵盖活动开展过程中的所有要素和节点，包括活动标题、背景、目标、组织机构、时间、地点、内容、资源需求、组织实施、宣传推广、责任分工、经费预算等。一份详尽的活动方案是传统文化阅读推广活动顺利开展的基本保证，因此需要对活动方案中每个关键步骤进行详细分析和研究打磨。[①]一份完整的传统文化阅读推广活动方案包括要素较多，制订方案时需要重点关注以下几点：

第一，活动标题要能体现活动主题，用词确切，表意清楚，既有吸引力，又能让读者一目了然地了解活动的关键内涵。

第二，活动目标要明确，具有指导性、方向性。明确的目标一方面可以指导活动围绕既定目标推进开展；另一方面可为后期活动总结评估提供标准。相对于活动主题而言，活动目标更接地气，更具体。[②]

第三，宣传推广要对活动的宣传方式、宣传渠道、宣传素材等内容进行详细说明。图书馆传统文化阅读推广活动的宣传渠道主要包括图书馆自有平台及新闻媒体平台。自有平台包括图书馆场馆、网站、微博、微信、app以及抖音、哔哩哔哩等新媒体平台。新闻媒体平台包括报纸、电视、广播、新闻网站及app等，也可通过合作单位的平台对活动进行广泛宣传。

除了标题、目标、宣传推广以外，作为一份完整的传统文化阅读推广活动策划方案，活动背景、组织机构、时间、地点、内容、资源需求、组织实施、宣传推广、责任分工、经费预算也是必不可少的要素。活动背景要重点讲明活动的来历；组织机构可包括指导单位、主办单位、承办单位、协办单位、支持单位等；内容部分要翔实介绍活动开展的具体内容、形式以及亮点特色；资源需求主要列明确保活动顺利开展需要的物料设备、技术支持等情况，如图书、奖品、座椅、话筒、灯光音响、设备网络、车辆等；组织实施重点突出活动的具体实施过程及步骤、责任分工、经费预算，还要制订相应的应急预案。

---

① 张岩，等.图书馆家庭阅读推广［M］.北京：朝华出版社，2017：136.
② 张岩，等.图书馆家庭阅读推广［M］.北京：朝华出版社，2017：137.

二、组织实施

对活动进行规范化的流程管理是确保活动顺利实施及达到预期目标的重要保障。一场好的活动，既需要优秀的策划者提供新颖的创意，对活动设计进行全程规划指导，更需要优秀的人员做好活动的相关准备和组织实施。组织实施质量的优劣直接影响活动的最终效果，优质的活动组织能够确保活动达到预期效果，甚至超过预期。相反，松散的组织则会让活动效果大打折扣，不但影响读者的体验，降低其参与感与获得感，也会影响嘉宾的情绪和现场表现，降低活动效果。传统文化阅读推广活动的组织实施需要重点把握两个方面。

（一）活动准备

一项活动从方案确定到活动实施，其间有大量的准备工作。如嘉宾联络接待、宣传品设计制作、场地预约及布置、设备准备调试、交通食宿安排等，每项工作又要根据不同活动进行相应的细化。如，在与活动嘉宾联络时就需要按照活动策划内容进行详细沟通，明确注意事项，并就交通、住宿、用餐、设备使用等内容进行充分沟通；物资准备也是活动筹备期间需要特别注意的部分，具体包括活动场地预约，桌椅、道具、宣传品等布置安装，电脑、投影、话筒、音响、灯光、翻页笔等设备以及 PPT、文稿、音视频等内容的准备调试等；车辆停放、茶水等细节工作也不容忽视。因此，活动准备工作应该做到科学安排、细化分工、责任到人，避免出现疏漏，影响活动效果。

在活动准备过程中，有三项内容需要特别引起注意。一是注重与嘉宾的沟通协调。嘉宾是活动的主要引导者，活动举办前需要与嘉宾进行充分深入的沟通，主要就活动基本情况、主题、内容、面向对象、预期效果等细节及注意事项等进行详细沟通，确保活动效果。二是提高文化安全意识。公共图书馆是政府公共文化服务的阵地和窗口，是社会主义核心价值观及优秀文化的弘扬者和传播者，代表政府的公共形象和文化服务能力，是一个城市及地区的文化名片。因此，图书馆要特别重视文化信息安全，尤其在与其他机构合作举办活动时，要加强活动主题、内容、合作单位的审核，根据需要签订协议，对相应内容进行约定，明确各方责任。要确保活动内容积极向上，具有正能量，传播中华优秀文化精华，不能传递封建、落后的文化糟粕。三是制订应急预案。预先评估活动实施过程中可能出现的紧急情况，如读者人数过多、嘉宾临时迟到或缺席、人员伤亡、群体性事件、火灾、地震、台风等，并根据场地、活动对象等实际情况制订针对性的应急预案。

深圳图书馆在制度建设保障方面进行了卓有成效的探索，形成了一套阅读推广活动制度规范，为活动开展提供了有效指导。如在活动举办前需要与合作单位签订《读者活动合作协议》，与嘉宾签订《同意授权书》，明确活动要"遵守中华人民共和国有关法律法规及相关政策规定，内容健康积极，不违背社会道德和公序良俗，不违反舆论导向。""以公益性为前提，不进行机构、业务、产品等商业性宣传。""活动内容和信息资料真实合法，不侵犯任何其他权利人的合法权益"等内容，并就活动成果授权传播等内容进行约定，明确各方权责。深圳图书馆还制定了《阅读推广活动管理办法》《场地使用管理办法》《读者活动突发事件应急预案》《防台风应急预案（试行）》《阅读推广联络工作规范》等规章制度以及《阅读推广活动组织管理流程》《阅读推广活动突发事件应急处置流程》两个关键业务流程，对相关内容进行规范化约定，为阅读推广活动顺利开展提供了有效的制度保障。

（二）组织实施

前期周密细致的准备工作为活动开展实施奠定了基础，活动的现场组织实施更加需要重视。现场组织的优劣直接影响活动效果，好的活动组织不仅能够使活动达到预期效果，而且能够提升读者的体验感和参与感，在获得活动本身传递的内容之外，还能获得更多的精神体验，提升对图书馆的认同，拉近与图书馆的距离，成为图书馆的常客。相反，如果现场组织不当，不仅会使活动效果大打折扣，而且会影响读者及嘉宾对于图书馆的认识，影响图书馆的形象。

尽管在前期准备环节已经做了大量工作，现场的组织实施过程中仍然有很多细致工作要做，同样需要做好资源配置，对人力、物力等进行统筹协调，合理安排。活动应按计划进行，准时开始，按时结束。工作人员要着装整洁得体、主动热情服务、待人彬彬有礼，按照工作分工各司其职，配合做好各自的工作。活动负责人要从整体上对活动进行把控，实时跟进活动进度，对照活动方案对偏离预期的部分及时进行调整，确保活动有序进行。如活动现场出现突发状况，要快速介入，按照事先制订的应急预案进行规范化妥善处理。

　　活动组织过程中，应当注意参与读者信息、活动效果等相关数据的采集，如参与人次、性别、年龄、职业、获得感、活动满意度、意见与建议等，为后续活动评价搜集可靠的一手资料。活动数据采集通过问卷调查与访谈相结合的形式进行效果更好，问卷调查可通过扫码线上调查的方式开展，但应当准备纸质问卷作为补充，以满足不会使用智能手机的读者使用。

第二节　传统文化阅读推广活动的类型

　　传统文化是图书馆阅读推广的重要内容，而开展以传统文化为内容的阅读推广活动，是传承及发扬中华民族优秀文化的重要途径和手段。传统文化阅读推广活动类型丰富、形式多样，如书目推荐、导读、主题讲座、专题展览、征文、诵读、演绎、文化沙龙、文化体验等，不同的阅读推广形式具有不同的特点及优势，在实际工作中应当根据推广内容、推广对象及推广目的的不同而选择不同的活动形式。

一、书目推荐及导读

　　书目推荐是图书馆开展阅读推广的重要方法，也是开展传统文化阅读推广的重要形式。人类文明成果浩如烟海，在给人们留下了丰富的精神宝库的同时，也为读者如何选择带来了困惑，开展书目推荐是解决读者文献选择困难的有效手段。图书馆利用自身的专业能力编制传统文化推荐书目，能够为读者研习传统文化提供针对性强的有效指导。书目推荐可以有多种形式，如编著主题目录、发布借阅排行榜、设置推荐文献专架等，引导读者选择需要并且适合自己的文献。

　　清华大学于 1997 年推出了《清华大学学生应读书目（人文部分）》，推荐了中国文化名著、中国文学名著、世界文化名著和世界文学名著各 20 种，为清华学子阅读好书提供引导。2017 年 9 月，清华大学出版修订后的新版《清华大学荐读书目》，包括中国文化、中国文学、外国文化、外国文学各 30 种，并在图书馆设立"荐读图书专架"，设计制作"荐读图书专架"网站。2016年，由中央宣传部等部门支持和指导、国家图书馆组织实施了"中华传统文化百部经典"编纂工作，该丛书由著名学者、中央文史研究馆馆长袁行霈担任主编，延请德高望重的大家耆宿担当顾问，众多专家参与编纂，遴选中华传统文化中最具代表性的100部经典。2017年9月，"中华传统文化百部经典"首批图书正式出版发行，包括《周易》《尚书》《诗经》《论语》《孟子》《老子》《庄子》《管子》《孙子兵法》《史记》等十部图书[①]。深圳图书馆自2014年开始编制推荐"南书房家庭经典阅读书目"，每年推荐30种，计划用10年时间累积推荐300种适合当今家庭阅读与收藏的经典著作。

图3-3　南书房家庭经典阅读书目（第七期）

编是起点，用是目的。书目推荐为读者提供了菜单式的传统文化主题文献指引，为使书目推荐起到更好的效果，图书馆还需要配合开展书目导读等相关延伸活动，引导阅读行为。邀请行业专家、文化学者、社会名流等专业人士开展内容丰富的导读鉴赏活动，帮助读者学会选择适合自己的图书版本，掌握阅读方法，学习阅读技巧，提升阅读能力。如"中华传统文化百部经典"邀请国内知名

---

① 中华传统文化百部经典［EB/OL］.［2020-07-20］.百度百科. https://baike.baidu.com/item/%E4%B8%AD%E5%8D%8E%E4%BC%A0%E7%BB%9F%E6%96%87%E5%8C%96%E7%99%BE%E9%83%A8%E7%BB%8F%E5%85%B8/19744128?fr=aladdin.

专家学者对推荐图书进行深入浅出的解读，首批十部书的解读人为余敦康、钱宗武、李山、钱逊、梁涛、王中江、陈鼓应、孙中原、黄朴民和张大可，均为相关领域的知名专家。①再如，南京图书馆每年围绕推荐书目开展国学书目导读活动，2017 年还面向中学生开展了南京本土国学书目导读活动，以江苏籍或流寓江苏的作者为中心，选择适合青少年阅读的优秀古典书目，并印成小册子进行发放。②

二、主题讲座

主题讲座是阅读推广的主要形式之一，也是图书馆开展传统文化阅读推广的最重要的方法。图书馆是开放式的社会化教育平台，通过邀请专家学者及专业人士来馆开展主题讲座，对传统文化领域某一知识进行梳理，能够帮助读者触类旁通、加深理解，起到拓宽视野、传播知识、陶冶情操的目的。目前，国内图书馆界举办的传统文化的讲座种类繁多，并且形成了很多具有较高美誉度和影响力的讲座品牌。如国家图书馆的"文津讲坛""中国典籍与文化"系列讲座、浙江省图书馆的"文澜讲坛"、山东省图书馆的"大众讲坛"、福建省图书馆的"东南周末讲坛"、深圳图书馆的"人文讲坛"等。

国家图书馆"文津讲坛"起始于 2001 年创办的国家图书馆古籍馆讲座，2003 年正式定名为"文津讲坛"。"文津讲坛"以古代著名藏书楼——文津阁而命名，具有深刻的文化内涵。"文津讲坛"定位于面向大众的双休日历史文化讲座，以弘扬中华民族优秀文化、传承文明与知识、服务社会和大众为宗旨，突出雅俗共赏、普及与精深见地的特点，内容涉及文史政经、音乐舞蹈、书法绘画、文博考古等各个领域，深受读者喜爱。③浙江省图书馆"文澜讲坛"围绕"儒学与国学""名著赏析"等主题策划开展系列讲座，为读者深入了解传统经典、学习优秀传统文化提供平台。

---

① 中华传统文化百部经典［EB/OL］.［2020–07–20］.百度百科. https：//baike.baidu.com/item/%E4%B8%AD%E5%8D%8E%E4%BC%A0%E7%BB%9F%E6%96%87%E5%8C%96%E7%99%BE%E9%83%A8%E7%BB%8F%E5%85%B8/19744128?fr=aladdin.

② "缤纷的冬日"——南京图书馆 2017 年元旦、春节期间读者活动安排［EB/OL］.［2019–04–17］.南京图书馆网 .http：//www.jslib.org.cn/njlib_gsxx/201701/t20170103_150702.htm.

③ 文津讲坛［EB/OL］.［2019–03–17］.百度百科 .https：//baike.baidu.com/item/%E6%96%87%E6%B4%A5%E8%AE%B2%E5%9D%9B/882057.

图3-4　浙江省图书馆"文澜讲坛"（浙江省图书馆提供）

三、展览与征文

专题展览主题突出、宗旨明确，是图书馆开展传统文化阅读推广的有效形式。传统文化专题展览一般围绕某一特定主题，内容可以以揭示馆藏文献资源为主，亦可聚焦传统文化阅读的方式方法，形式图文并茂。南京图书馆每年定期推出一两期"名著插图系列主题展"，展览从古今中外的众多馆藏文学名著中选材，以"图"阅读的形式，对400多部世界各国的优秀经典作品进行专版导读介绍。①济南市图书馆尼山书院每年组织举办全市少儿书画优秀作品展暨尼山书院教学成果汇报展，每次展出各类少儿书画作品千余幅，并先后策划举办了中华文化典籍展、二十四节气普及展、中华传统节日展等多场大型展览，从不同侧面图文并茂

---

① 秦志华.弘扬经典 亲近阅读——南京图书馆经典阅读推广活动探析［J］.新世纪图书馆，2014
（1）：23-26.

地展示中华文化的丰富内涵。[1]2017 年，国家图书馆在其读书周期间举办了"中华传统文化百部经典"主题展览。展览包括文化自信、阶段成果、群英荟萃等部分，翔实展示了编纂工作自启动以来的发展过程和阶段成果。[2]

举办主题征文也是图书馆开展传统文化阅读推广的常规形式之一，可以通过读后感、书评等具体形式开展，围绕与传统文化主题相关的图书表达阅读心得及感悟，交流思想。武汉大学图书馆在 2015 年校读书节期间开展了以"浸润经典 品味书香"为主题的大学生阅读征文活动。中南林业科技大学在第九届"校园读书节"期间开展了"阅读经典，立德修身"经典阅读征文活动。深圳图书馆每年举办"南书房家庭经典阅读书目"主题征文比赛，鼓励读者深入阅读和研习推荐图书，透过经典感受更为丰富的生命体验，同时举办优秀征文作品展，引导读者阅读优秀图书，品味传统经典。

四、沙龙与体验

围绕传统文化主题举办沙龙活动也是推广传统文化阅读的有效形式。文化沙龙采用对谈的形式针对某一主题进行深入交流探讨，与其他活动形式相比，其交互性更强，嘉宾之间的思想碰撞更能给读者带来启发和深层次的思考。

深圳图书馆于 2014 年 11 月创办"深圳学人·南书房夜话"文化沙龙活动，以各学科领域为依托，由嘉宾主讲或由其邀请同人开展对话，读者自由参加并参与互动交流。"南书房夜话"按季推出，每季选取不同主题，如"儒学发展与文明进步""传统文化与经典阅读""国学与诸子百家""古典小说的世界""中国古代文学的魅力""诗词鉴赏与写作"等。[3]2018 年 3 月，"南书房夜话"第六季启动，在活动形式上深入创新，开设"诗词鉴赏与写作研修班"，通过授课形式，让读者在提高诗词赏析水平的同时，进一步提升诗词创作的能力与技法，参与者在欣

---

[1] 王海，张振康."图书馆 + 书院"模式下读者活动开展的原则与方法——以济南市图书馆尼山书院为例［J］.公共图书馆，2018（1）：11–15.

[2] 国图读书周 看《百部经典》听"文津经典诵读"［EB/OL］.［2019–03–17］.百家号网.http://baijiahao.baidu.com/s?id=1587916999368305314&wfr=spider&for=pc.

[3] 张岩.从经典阅读到返本开新的文化建设——以深圳图书馆"南书房"经典阅读空间为例［J］.图书馆论坛，2016（1）：61–66.

赏中华传统诗词之美的同时，自觉传承和弘扬中华优秀传统文化。重庆市北碚图书馆于 2018 年春节前夕举办"巧手剪彩纸 欢乐迎新春"剪纸艺术体验沙龙活动，弘扬优秀传统文化，传承民间艺术。①

图 3-5　深圳图书馆"深圳学人·南书房夜话"

　　近年来，举办各种文化体验活动成为传统文化阅读推广的新形态，其互动性、体验性更强，读者参与感更强，感受也更加深刻。山东省图书馆在 2015 年"六一儿童节"期间举办了首届"尼山书院杯"少儿射艺比赛交流活动，自 2018 年起每年策划举办一届全省少儿诗词诵读大赛，2020 年大赛以"品读《诗经》"为主要内容，以"风雅弦歌，思接千载"为主题，以《诗经》中具有爱国情怀、感恩父母、祈福国家、文辞秀美的篇章为主要内容，带领读者走进 2000 多年前的诗礼世界，感受中华优秀传统文化的巨大魅力，参赛读者达 4000 多人。济南市图书馆尼山书院每年举办书法培训、围棋培训，举办茶艺、开笔礼、拜孔礼、围棋、象棋、拓片制作、手工编织、插画等传统文化体验活动，让广大读者通过零距离接触，在体验中感悟传统文化的魅力和精髓。②

---

① 北碚图书馆举办剪纸艺术体验沙龙活动［EB/OL］.［2020-07-06］. http：//www.lsc.org.cn/contents/1132/5476.html.

② 王海，张振康."图书馆＋书院"模式下读者活动开展的原则与方法——以济南市图书馆尼山书院为例［J］.公共图书馆，2018（1）：11-15.

图 3-6　山东省图书馆首届"尼山书院杯"少儿射艺邀请赛（山东省图书馆提供）

图 3-7　山东省图书馆开笔礼活动（山东省图书馆提供）

深圳图书馆自 2014 年起每年举办"中国传统文化年"系列活动，邀请读者品味中华传统文化之美。2019 年活动以"品中国传统文化——迎己亥猪年新春"为总主题，围绕新春文化主题举办了"民俗文化展""灯笼制作""剪纸""春联送祝福""民乐赏析""猜灯谜闹元宵""观皮影"等近二十场活动，普及传统文化知识，大力弘扬中华优秀文化。读者在亲自体验做灯笼、学剪纸、写春联的过程中，有效增强了对民族传统文化的了解与认同。"春联送祝福"活动除邀请深圳市老年书法协会书法家为市民挥毫泼墨外，还面向广大读者招募书法达人，报名的有耄耋老人、小学生，也有热爱传统文化的时尚女性，共送出 2000 余幅春联和福字。皮影表演及体验活动表演了《鹤与龟》《金斧头》《武松打虎》三段具有代表性的传统剧目，小朋友们更是现场学习体验了皮影表演小技巧。惠州慈云图书馆在 2016 年世界读书日举办了"书香古韵——中华古籍之魅力"读者体验活动，邀请广东省古籍保护中心专家和古籍专业修复人员向读者讲解古籍诞生的流程、演示传统古籍修复技艺，读者可以现场体验雕版印刷和拓片制作。活动普及了古籍知识，提升了市民古籍保护意识，增强了对传统文化的认同。①

图 3-8 惠州慈云图书馆"书香古韵——中华古籍之魅力"读者体验活动（惠州慈云图书馆提供）

---

① 古老的雕版印刷你也能做［EB/OL］.［2019-03-21］.搜狐网.http://www.sohu.com/a/71277015_162958.

五、诵读

诵读将声音与文字结合，通过大声朗读的方式领略古典文化的辞章和意蕴，一般以一人带领、多人跟读的方式进行，也可以集体共读的形式开展。近年来，诵读成为开展传统文化阅读推广的重要活动形式。集体诵读有助于形成共同的文化体验，通过集体的共读行为，能够更加激发读者阅读经典的意识，潜移默化中培养阅读传世经典的习惯，更好地传承和发扬中华优秀传统文化。

2008 年教育部、国家语委、中央文明办等共同启动了"中华诵——雅言传承文明，经典浸润人生"系列活动。至 2010 年"中华诵"经典诵读活动已形成了传统节日晚会、经典诵读大赛、中小学生夏令营、经典诵读进校园、大中小学生规范汉字书写大赛和古辞新韵创作大赛六大系列。"中华诵"经典诵读活动以群众参与性诵读大赛与主题晚会相结合的方式进行，利用语言文字与文化互为载体的特点，通过诵读展示、传播借由优美语言承载的中华优秀文化。[①] 2018 年9 月教育部、国家语委印发《中华经典诵读工程实施方案》，通过开展经典诵读、书写、讲解等文化实践活动，挖掘与诠释中华经典文化的内涵及现实意义，引领社会大众，特别是广大青少年更好地熟悉诗词歌赋，亲近中华经典，更加广泛深入地领悟中华思想理念、传承中华传统美德、弘扬中华人文精神。[②]

国家图书馆自 2012 年起开展"文津经典诵读"项目，运用新媒体技术，每日更新推送一条中华传统美德格言和一条古代经典诗词赏析，配以专门制作的音频、准确流畅的译文、诗文、馆藏出处，以图文和音频相结合的方式引导读者感受和体悟传统文化的魅力，以适应当代读者碎片化、屏幕化的阅读新趋势。至2017 年底该项目以每日一诗一格言的形式向读者推送了 3900 余条古典诗词和美德格言，举办系列讲座二十余场，以及线上读诗、诗歌吟诵会、诗词有奖竞答等活动，倡导经典阅读、弘扬传统文化。[③]济南市图书馆于 2014 年举办济南市首届"我爱国学"亲子诵读比赛，2015 年起每年举办一期国学经典亲子诵读班，带领

---

① 徐雁.全民阅读推广手册［M］.深圳：海天出版社，2011：106.

② 教育部 国家语委关于印发《中华经典诵读工程实施方案》的通知［EB/OL］.［2019-03-17］.中华人民共和国教育部网.http：//www.moe.gov.cn/srcsite/A18/s3129/201809/t20180929_350445.html.

③ 国图读书周 看《百部经典》听"文津经典诵读"［EB/OL］.［2019-03-17］.百家号网.http：//bai jiahao.baidu.com/s?id=1587916999368305314&wfr=spider&for=pc.

家长和孩子一起修习儒家义理。深圳图书馆每周末在"南书房"举办"经典诵读"活动，选取《诗经》《论语》《孟子》《大学》等儒家经典，邀请国学讲师及志愿者带领读者吟诵。2016 年在孔子诞辰日联合广东省七家公共及高校图书馆共同举办了"广东省经典诵读大赛"，用具有仪式感的阅读行为激发人们尤其家庭对中华优秀传统文化的认识与热爱。南京图书馆也举办了"诵读经典　陶冶心灵"主题诵读活动，对传统诗词、文赋和经典作品进行释读。江西九江学院图书馆 2018 年开展了近两个月的"品味书香，悦读经典"暑期共读活动，邀请知名教师进行领读，共读内容包括《读大学究竟读什么》《红楼梦》等，通过经典共读活动，营造"多读书、好读书、读好书"的阅读风尚，提升大学生的阅读乐趣与知识储备，培养良好的阅读习惯。①

六、演绎

演绎也是推广传统文化阅读的常用形态之一，一般包括朗诵、表演、名著赏析等具体形式。演绎因其特有的艺术形式，与其他阅读形式相比更具有感染力和带入感，更能使读者随着嘉宾的表演不知不觉进入故事情节，融入其中。

为引导和培养少年儿童对传统文化经典的阅读兴趣，由中国孔子基金会传统文化教育分会牵头，我国自 2009 年面向海内外少年儿童设立中华少年孔子奖，鼓励青少年诵读经典。②2018 年端午节，济南市图书馆联合由中国孔子基金会传统文化教育委员会、山东省国立传统文化教育中心举办"2018 儿童经典诵读美读交流表演大会"，小学生们表演了《端午怀古忆屈原》《新学堂歌》《古韵新诵》等作品。③深圳图书馆自 2015 年开始常态化举办"读剧"活动，以演员朗读对白的形式演绎经典名著，通过朗读展现剧情，用语言塑造人物形象，在生动而充满能量的台词中，给观众无限的想象空间，进而推广传统文化及经典阅读。除此之

① 图书馆开展"品味书香，悦读经典"暑期共读活动［EB/OL］.［2019-04-01］.九江学院图书馆网 .http://lib.jju.edu.cn/info/1005/2777.htm.

② 2009 年中国将设少年孔子奖鼓励国学经典回归［EB/OL］.［2021-06-21］.搜狐网 .http://news.sohu.com/20070423/n249623753.shtml.

③ 弘扬传统文化 2018 山东儿童经典诵读美读交流表演大会在济南举办［EB/OL］.［2020-07-06］.搜狐网 . https://www.sohu.com/a/236664502_100118736.

外，深圳图书馆还每月举办"经典民乐赏析"音乐会，通过表演和讲解，普及中华民乐知识，让读者能近距离感受民乐魅力，提升全民对于中华传统音乐文化的认知和认同。深圳少年儿童图书馆自 2010 年开始举办"名著新编短剧大赛"，2015 年加入"全国少年儿童阅读年系列活动"，升级成为"全国少年儿童名著新编短剧大赛"。大赛通过阅读经典名著，以"编演经典"趣味阅读的活动方式，向少年儿童传播经典名著，引导少年儿童深入阅读经典名著，并在编创、表演活动过程中提高表达能力和文学修养，激发少年儿童的想象力和创新能力。同时，向少年儿童宣传中华优秀传统文化和美德，积极引导儿童讲仁爱、懂礼仪、守诚信。大赛面向全国中小学生开展，每年确定一个主题，并提供参考名著目录。参赛选手可以从中选择某一部名著或其中某一篇章进行改编，也可自选其他经典名著进行改编。①

图 3-9　全国少年儿童名著新编短剧大赛（深圳少年儿童图书馆提供）

① 第四届"全国少年儿童名著新编短剧大赛"［EB/OL］.［2019-03-17］. 安阳市图书馆网 . http：//aystsg.anyang.cn/ReadNews.asp?NewsID=2446.

第三节　传统文化阅读推广活动的宣传推广与效果评价

开展宣传推广有助于彰显图书馆文化特质，提升社会形象，扩大活动效果。酒香也怕巷子深，在信息爆炸的今天，做好传统文化阅读活动的宣传推广工作具有重要的意义。传统文化阅读推广活动开展后的真实效果如何，有没有达到预期目的，是否满足读者的需求和期待，图书馆是否从活动中受益，需要进行科学全面的评价。

一、宣传推广

宣传推广的目的在于扩大活动的社会影响力，最大限度地利用活动资源，延伸活动社会影响，提升活动社会效益。好的宣传不仅能够扩大活动的知名度和影响力，还能够激发读者的兴趣和参与欲望，增强用户黏性，提升忠诚度，取得意想不到的效果。图书馆传统文化阅读推广活动的宣传推广应当秉承全方位、全过程、全媒体的原则，贯穿活动始终。

（一）全方位

传统文化阅读推广活动宣传推广要秉承全方位的原则，既注重人际传播、媒体报道，又要注重成果转化、二次传播。

传统文化阅读推广活动宣传推广的全方位首先体现在宣传渠道上，应充分利用图书馆、合作单位自有平台以及新闻媒体平台对活动进行广泛宣传，自有平台包括网站、微博、微信、抖音、官方应用程序、海报、折页、宣传册、条幅等，新闻媒体平台包括报纸、电视、广播、网络以及新闻媒体的应用程序等。同时，要注重读者之间的人际传播。全媒体信息时代每个人都是信息的传播者和接收者，读者之间的"口口相传"有时具有说服力和可信性。此外，要注重活动成果的转化与利用，这往往也是图书馆开展阅读推广活动容易忽略的环节。对活动的照片、音视频、读者反馈、活动数据等进行采集、整理，形成稿件对外发布，这样的宣传方式往往更加鲜活生动，具有画面感，也更能激发活动参与者的共鸣。

如果条件允许，可以将活动材料进行整理，编印成画册进行发放，或者正式出版，也可以对品质较高的传统文化阅读推广活动进行音视频采集，加工整理后放入读者活动数据库,通过网络供读者学习使用。深圳图书馆全力打造"深图视听"读者活动库,以更好满足移动互联网时代读者的学习需要。"深图视听"汇集了"市民文化大讲堂""深圳学人·南书房夜话""人文讲坛""中华经典与职业伦理"等20余个品牌活动的音视频资源。

（二）全过程

传统文化阅读推广活动宣传需要精心策划,注重宣传的全过程,在不同阶段采取不同的宣传策略。活动前宣传以预热为主,让更多读者了解活动,扩大知晓度;活动举办过程中应注重现场宣传,可以通过现场介绍、发放宣传资料、摆放宣传品等方式进行,也可以利用新媒体直播等方式进行实时宣传,突破时空限制,扩大辐射范围,增强互动性,提升参与感;活动后的宣传也不容忽视,活动结束后要及时进行总结梳理,及时发布活动情况、成果以及花絮,让读者立体地感受活动,了解图书馆幕后工作,满足好奇心,增强黏性。

宣传文案是阅读推广活动宣传推广工作的核心内容,应当认真对待。传统文化阅读推广活动宣传应该充分利用诗词、绘画、音乐等元素,体现传统文化的特色和魅力,让读者深刻感受到几千年来中华优秀传统文化的独特之美,进而提升文化认同感,有效激发读者对于中华传统文化的兴趣和喜爱。

（三）全媒体

现代信息技术的发展改变了人们的信息获取习惯,新媒体技术的快速发展和移动终端的广泛普及也为图书馆阅读推广提供了全新平台。传统文化阅读推广需要突破固有的宣传思维模式,在广泛利用海报、折页、宣传册、条幅、网站、报纸、广播、电视等传统宣传推广手段的基础上,充分利用流媒体技术,通过图书馆微博、微信、抖音、官方应用程序、新闻媒体的应用程序、小程序等现代信息传播渠道进行广泛宣传推广,扩大宣传效果,提高活动知名度。除图书馆及新闻媒体平台外,合作方平台也是可以充分利用的宣传推广平台。

深圳图书馆组织举办的"深圳学人·南书房夜话"活动就非常注重宣传推广工作,除常规宣传以外,还与本地知名媒体《深圳商报》开展深度合作,每期内容整理后在《深圳商报》的《文化广场》栏目专版发表,还将活动内容按季结集出版,固化活动成果。

图 3-10 《深圳商报》对"深圳学人·南书房夜话"活动进行专版报道

二、效果评价

国际图联和联合国教科文组织共同编写的《公共图书馆服务发展指南》指出："图书馆应当定期评估其推广和宣传工作，并确保评估的结果能够成为未来项目规划的参考依据。"①美国国会图书馆下设单位"图书中心"是专门负责推动全民阅读的机构，"图书中心"十分注重活动评估，每年召开两次"创意交换日"，分别同各州图书中心代表和阅读推广伙伴进行交流、总结，评估上年度的活动。②

传统文化阅读推广活动开展后的真实效果如何，有没有达到预期目的，需要进行全面评价。通过科学评价，可以准确了解传统文化阅读推广的成效，寻找不足，总结经验，巩固优势，为工作提升提供有效指导和参考。一个良好的阅读推广活动评价体系不仅能够及时反馈给推广人员和管理者真实、可靠的信息，提高其服务水平，而且能够帮助读者从客观角度了解个人的阅读收获。③此外，通过活动评价，也可以提升阅读推广人员的积极性和主动性，提升其工作荣誉感和成就感。从实践来看，无论是在制度层面，还是在现行的质量认证管理体系中，都还尚未形成科学的、专业的、系统的阅读推广活动评价体系，④传统文化阅读推广活动成效评价同样如此。但值得欣慰的是，图书馆界已经逐步认知到这一问题，开展了类似的理论研究和实践探索，为传统文化阅读推广活动效果评价提供了有效参考。

（一）评价原则

绩效评价涉及多方主体配合，评价结果也将用于指导实践和未来发展。传统文化阅读推广活动效果评价应当遵循客观性、科学性、导向性、可操作性、特色性原则。

1. 客观性

评价是实际价值在人的意识之中的反映，因此具有主观性。对事物价值的评估会因人、因时、因环境而异，要尽量减弱或消除主观因素的干扰，使获得的信息具有可靠性。传统文化阅读推广绩效评价指标体系及方案的制订，应该从图书

---

① 菲利普·吉尔（Philip Gill）主持的工作小组代表公共图书馆专业委员会编写，林祖藻译 . 公共图书馆服务发展指南（中文版）[M] . 上海：上海科学技术文献出版社，2002，95.

② 郎杰斌，吴蜀红 . 美国国会图书馆阅读推广活动考察分析 [J] . 图书与情报，2011（5）：40–45.

③ 周海晨，陆和建 . CIPP 理论在高校图书馆阅读推广评估中的应用探析 [J] . 图书情报导刊，2016（12）：11–14.

④ 张岩，肖容梅，师丽梅 . 图书馆家庭阅读推广 [M] . 北京：朝华出版社，2017：142.

馆行业和图书馆本身出发，落点在传统文化，反映决定传统文化阅读推广发展的主要因素和各因素的内在联系。

2. 科学性

一是指标体系的科学性。包括注重指标体系的明确性、全面性和实用性，即指标的选取要有明确的含义和目标导向，能反映出传统文化阅读推广的客观情况。筛选具有高度代表性和概括性的指标，且各指标间相互联系和作用。同时，指标要易于理解，定性和定量指标相结合，尽量拟定量化的分析指标。二是评价方法和过程的科学性。应该运用科学的方法和手段来构建指标体系，以及对评价流程进行科学论证。

3. 导向性

评价并不是目的，而是衡量阅读推广质量和水平的重要手段，通过评价，找出各个业务环节存在的问题，为今后发展提供方向性指导。同时，设计指标体系还需要为后续指标体系的更新升级预留方案，其导向性也需要通过指标体系自身的不断更新加以体现。

4. 可操作性

评价指标体系应简明易懂，容易操作，各项指标都有明确的解释和说明，使评价指标易于推广使用。必须考虑使用者利用的便捷性，只有易于操作、方便培训和学习的指标体系才是适合图书馆传统文化阅读推广效果评价的指标体系。评价的指标应达到合理有效、便于操作的要求。首先，设计的指标应明确其使用范围，确保其有效性，能够直接或间接地反映传统文化阅读推广的具体情况。其次，应确保指标涉及的数据易采集，计算公式应科学合理，评价过程简单易行。

5. 特色性

首先，评价指标体系应突出在传统文化领域阅读推广的亮点，注重传统文化建设过程中具有示范性、带动性、引领性的做法。其次，评价指标体系应突出传统文化特色，重视对传统文化的宣传和利用。

（二）指标构建

传统文化阅读推广效果评价指标构建应注重全面化，从实践来看，既可以从活动评估主体出发进行评价，也可以采取多指标方法进行综合评价，还可以按照活动开展的过程维度进行评价。

1. 活动主体评价

从活动评价主体来看，可以从内部和外部两方面对传统文化阅读推广活动进行评价。[①]内部评价主体由图书馆内部人员或机构组成，外部评价主体是图书馆机构以外的组织或个人，可以是专家学者，也可以是读者大众。内部评价可分为需求评价、形成性评价、总结性评价三个部分。需求评价是对阅读推广活动开始之前的评估，可以从收集公众（读者）需求的渠道、是否明确了公众需求与图书馆服务之间的差距等方面进行评价。确定需求可以从书面调查、专业咨询、同行对照三方面进行。形成性评价是对推广活动的设计和实施过程进行有针对性的评估，可以采用指标考核的方式进行，目的在于评价其是否达到了设定的目标和期望效应。主要包含"方案评价""过程评价""成本评价"三方面。总结性评价主要用于评价推广活动对图书馆带来的影响，可以在活动结束后一段时间再进行，主要包括服务影响、资源影响、人员影响三个方面。外部评价是内部评价的必要补充，可以从专家和大众（读者）两个维度进行。专家评价是以专家为主体对阅读活动进行优劣判断，对活动开展进行综合分析与研究。大众评价需要包括不同性别、不同年龄和社会、经济、文化层次的人群，尤其是弱势人群的参与，以求客观准确。

2. 多指标综合评价

除从活动主体进行评价外，还可以采取多指标综合评价方法对传统文化阅读推广活动进行评价，根据需要设定两级或多级指标体系，并对指标赋以相应的指标值及权重。[②]多指标综合评价可设计为两级指标体系，一级指标包括活动保障程度、活动实施质量、参与者满意度、参与者受益度、活动绩效五个模块，二级指标在一级指标的基础上进行细分。如活动保障程度可进一步细化为活动制度、活动方案、合作机构数量、经费、组织者专业能力、组织者主动性创新性等指标，

---

① 胥迅，姚敏.公共图书馆阅读推广活动评估初探［J］.大学图书情报学刊，2013（1）：45-47.
② 卢苗苗，方向明.高校图书馆阅读推广活动绩效评估指标体系构建研究［J］.图书馆建设，2015
（11）：34-37.

活动实施质量可具体分为活动宣传力度、参与人数、活动数量、类型丰富度、趣味性等内容，参与者满意度可具体从活动内容、形式、组织过程、互动性、吸引力等方面进行考量，参与者收益度可具体分为借书次数、阅读认知、阅读技巧、阅读范围、阅读兴趣、阅读时间等指标，活动绩效可从图书馆服务能力、资源利用率与完善度、活动持续影响力等方面衡量。为减少认识问题的主观性和片面性，可采用统计领域比较常见的客观赋权法中的变异系数法对二级指标进行赋值。利用各项指标所包含的信息，通过计算得到指标的权重。再按照指标权重值大小进行排序，得到单因素重要性排序表，最后根据单因素排序，对影响阅读推广活动绩效评估的关键因素进行分析，深入了解关键因素对阅读推广活动绩效评价的影响情况。

3. 过程维度评价 [①]

除以上两种评价方法外，也可以从传统文化阅读推广活动开展的过程维度开展评价，将评价体系分为投入、管理、产出、结果四个维度。投入维度可以从人力资源、组织资源和经费资源三个方面设计具体指标，包括工作人员管理能力、工作人员专业素质与能力、项目人员学习与创新能力、项目人员合作经验与能力、相关政策和导向执行情况、工作效率、资金支持等；管理维度可以侧重从机制建设、关系管理、关系质量等方面进行测量，如沟通协调频次、信息公开程度、相互信任程度以及合作关系稳定性、平等程度、持续时间、满意度等；产出维度可以从图书馆及合作方产出、阅读推广公共服务产出等方面设计指标，具体可包括阅读推广效率改善程度、资金及人员的节省程度、公共服务履行程度、规模和影响力发展状况、获得政府资源与社会资源情况、阅读推广项目改善程度、阅读推广活动供给数量和质量、读者满意度、公众对图书馆信任程度、公众参与图书馆阅读推广提高程度等；结果维度可主要从活动给特定区域所带来的社会效益和文化效益两个方面设计指标进行评价，如图书馆影响力提升程度、图书馆话语权、公共文化服务发展程度等。

联合国教科文组织认为，指标是"通过定量分析评价社会进行生活状况的变化。"根据绩效评估指标设计的"SMART"原则，绩效指标应该是具体的、可测

---

① 史传林.政府与社会组织合作治理的绩效评价探讨［J］.中国行政管理，2015（5）：33–37.

量的，因此，指标设计应尽量做到可以量化。但也要看到，作为一种管理工具，并不是所有的评价指标都是能够量化的，这是由被评价的事务本身的性质和特点决定的。无论是图书馆绩效还是阅读推广绩效，都存在难于用量化指标进行测量的问题。虽然定性指标具有一定的主观性，但仍然能够反映事物的真实状况。

（三）评价实施

一个完善、成熟的评价机制应包括评价制度构建、评价体系研究、评价团队整合、评价结果公布、评价作用反馈等方面。[①]开展阅读推广活动评价需要遵循客观、系统、可操作的原则，还要注重定量与定性相结合。从实际操作来看，开展传统文化阅读推广活动效果评价需要重点把握好三个环节。

首先，注意评价方法的选择。评价方法对于整个评估起关键性作用，是否选择合适的评价方法直接影响评估结果的准确性。评估的目标不同，可能选择不同的评价方法。

其次，要做好评价的组织实施。活动评价是一个复杂的过程，组织实施的好坏直接影响评价的真实性和准确性，也直接影响未来工作的开展与提升。一要组织评价团队，选择具有高度责任心的评估人员，并进行相关培训，这是确保活动评价科学有效的首要保障，评价团队水平层次的高低也决定着评价结果的有效性和可用性。二要选择合适的评价方法。整体来看，内外部评价法、多指标综合评价法和过程维度评价法各有优势，也都存在短板。在具体评价时，应注重定性定量搭配使用，相互补充。三要针对不同的活动项目设计对应的评价指标，并根据评价需要赋予相应权重，通过调查问卷、统计等方法收集相关评价数据，带入评价模型，获得评价结果。四要对评价结果进行科学细致分析，针对评价过程中不合理、不完善的指标进行替换及优化，修正评价模型，校正评价偏差，并根据新评价指标重新搜集数据，最后获得较为科学、准确的评价结果。

再次，要注重评价结果的应用。评价为后续活动开展及提供重要的、可靠的参考，要根据评价结果进一步优化活动流程设计，指导活动组织实施，有效提高传统文化阅读推广活动的品质，提升品牌影响力及社会效益。

---

① 杜玉霞.阅读推广活动评估机制构建研究——基于整体评估视角［J］.农业图书情报学刊，2018（5）：120–125.

　　文化滋养，润物无声。弘扬与传播优秀传统文化不能一蹴而就，需要绵绵用力，久久为功。在评价传统文化阅读推广活动的成效时，也需要特别注意连贯性和长效性，通过全面准确的评价及时总结并发现活动组织过程中的成功经验及问题，进而对文献、人力、资金、技术等阅读资源进行更优化的配置，更好地契合读者的阅读需求，使读者获得更好的阅读体验，提升图书馆阅读服务的效益，推动传统文化阅读推广活动向高标准、高质量和规范化方向发展。

第四讲

传统文化阅读推广空间的打造

除了浩瀚的文献资源、丰富多样的读者活动外，图书馆要充分发挥场所价值，打造富有传统文化底蕴和特色的实体空间，展现中国传统的审美意趣和精神内涵，给读者带来多方位、立体化的传统文化体验，以更好地发挥图书馆传承和弘扬中华优秀传统文化的积极作用。

第一节　传统文化阅读推广与图书馆空间打造

一、从"图书馆消亡预言"到"作为空间和场所的图书馆"

20 世纪七八十年代，美国图书情报学家弗雷德里克·维尔弗雷德·兰开斯特（Frederick Wilfrid Lancaster，1933—2013）提出"图书馆消亡预言"，引起了全社会图书馆界极大的争议和讨论。转眼 40 余年过去，伴随着现代信息技术和网络，尤其是智能移动设备和数字阅读的高速发展与普及，世界各地的实体图书馆依然大量存在且蓬勃发展。

究其原因，或可从图书馆的"第三空间"说法中窥得一二。早在 1989 年，美国社会学家雷伊·欧登伯格（Ray Oldenburg，1932—　）就称家庭居住空间为第一空间，职场为第二空间，而城市中心的闹市区、酒吧、咖啡店、图书馆、城市公园等公共空间为第三空间。[①] 2009 年国际图联第 75 届世界图书馆与信息大会更将"作为空间和场所的图书馆"（Libraries as Space and Place）设为卫星会议主题之一。纵观国内外图书馆近年的发展趋势，其收藏保存人类文化遗产的历史使命没有变，但是发展的重心在变换，图书馆的空间价值和优势不断凸显。图书馆不仅没有消亡或被取代，反而越来越发展成为当今社会不可或缺的组成部分。

例如，2019 年，入围评选年度 IFLA/Systematic 最佳公共图书馆奖（IFLA/Systematic Public Library of the Year Award，主要表彰新建成或者由其他用途的建筑改建而成的图书馆）的图书馆包括澳大利亚绿色广场图书馆（Green Square Library and Plaza）、荷兰 LocHal 图书馆（Bibliotheek LocHal）、芬兰赫尔辛基中央图书馆（Oodi，也被称作颂歌图书馆）和新西兰基督城中央图书馆（Tūranga），最终该奖项花落芬兰赫尔辛基中央图书馆。

这座令全球文化界瞩目的图书馆占地 1.7 万平方米，耗资 9800 万欧元建成，于 2018 年 12 月 5 日正式开馆，仅开放头两天就接待了访客 5.5 万人次，馆舍开放时间为工作日从早上 8 点到晚上 10 点，周末早上 10 点到晚上 8 点，年度接待市民约 300 万人次。市民一直积极参与颂歌图书馆的建造项目，向图书馆提供了 2000 多个想法，为图书馆建筑规划和设计、开发内容和服务等提供了宝贵建议。颂歌图书馆内部分为三层：一层包括多功能厅、电影院、咖啡厅和问询处等，二层包括创客空间、厨房、音乐和录像工作室、工作坊等，三层才是传统的图书馆空间"书的天堂"（Book Heaven），仅藏有 10 万册图书和 200 份报刊，还设立了一个市民观景台。图书馆学家、曾任上海图书馆馆长的吴建中介绍，这是一座"向所有人开放的公共空间"，是"聚会、阅读和多样化城市体验的场所，为读者提供知识、新技能和故事，是一个获取知识、体验故事和工作及休闲的惬意空间，一个向所有的人敞开大门的灵动而功能常新的新时代图书馆"。赫尔辛基中央图书馆的开放向我们展示了新一代图书馆应该具备的功能，即作为交流中心、学习中心和知识中心，服务城市创新，提升城市品格，助力人的全面发展。其创新设

[①] 吴建中 .21 世纪图书馆新论［M］.上海：上海科学技术文献出版社，2016：213.

计为全球图书馆空间改造树立了榜样。[①]

随着社会政治、经济发展和科学技术的进步，我国图书馆事业呈现出欣欣向荣的发展活力。据国家统计局发布数据，2013—2018 年，我国公共图书馆数量逐年增加，由 2013 年的 3112 个增加到 2018 年的 3176 个。[②]一座座面积动辄数万平方米、建筑外观极具特色的图书馆拔地而起。这些新兴图书馆设备先进，环境舒适，服务便捷，成为城市或校园的文化地标和亮丽风景。例如，2018 年厦门市图书馆集美新馆开放，秉承"全方位开放、全公益服务、全社会共享"的服务方针，为读者提供多层次、多元化、多形式的服务，馆舍建筑面积 6 万平方米，一层设综合服务区、多功能报告厅、自助图书馆、少儿文献借阅区等；二层是数字阅读体验区，设有影音图书馆、创新阅读体验馆、多媒体创作体验馆、数字图书馆、自助影院、智慧教室，为读者提供富有创新性、体验性和互动性的现代图书馆数字化和信息技术展示与体验等特色服务[③]，如音乐创客空间配工作站系统、后期效果器等专业设备，内置电子钢琴、电子吉他等乐器，具有直播、上传功能，录制歌曲作品可在线发布；三至五层才是传统的各主题阅读区，包括文学借阅区、报刊借阅区、经典文献馆、社会科学文献借阅区、自然科学文献借阅区、特色文献阅览区、古籍阅览区等。

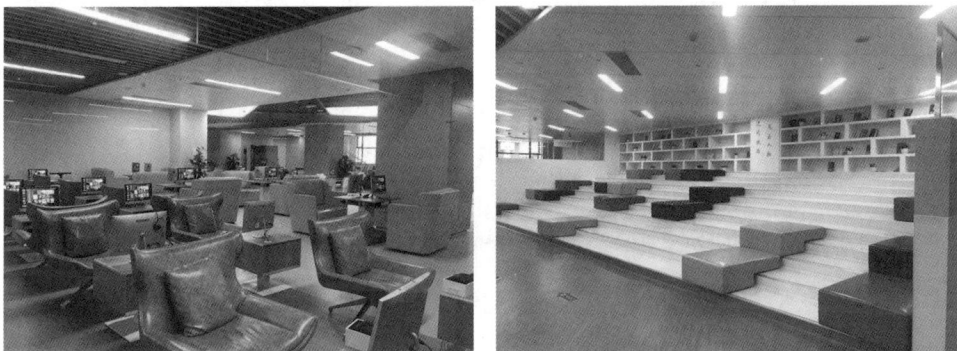

图 4-1　厦门市图书馆集美新馆空间布局

① 吴建中，程焕文，科恩·戴安娜，等.开放　包容　共享：新时代图书馆空间再造的榜样——芬兰赫尔辛基中央图书馆开馆专家访谈［J］.图书馆杂志，2019（1）：4–12.

② 国家数据［EB/OL］.［2020–07–22］.国家统计局.http://data.stats.gov.cn/easyquery.htm?cn=C01&zb=A0Q0507&sj=2019.

③ 厦门市图书馆集美新馆［J］.福建图书馆学刊，2018（3）：66.

不难看出，图书馆馆舍建设和内部布局从早期的以藏书为中心、重藏轻用，到藏用并重、开放借阅，越来越"以人为本"，不再局限于藏书与基本的借阅服务，更注重馆舍空间的公共性、开放性、创新性等，强调为公众打造一个良好的阅读环境，满足市民学习、阅读、交流、休闲等多样化的空间需求。

二、空间成为图书馆存在和未来发展的重要资源

一直以来，文献资源都是图书馆存在和发展的核心要素，直到 1957 年著名图书馆学家刘国钧先生将其提出的"四要素说"修正为"图书馆学五要素"，"建筑"才被纳入图书馆事业发展的构成要素之一，且与"设备"并列仅居第四位。但是，随着数字资源的丰富发展，其具有的分布广泛、形式多样、存取便捷等特点，不断冲击着纸质文献资源的发展，洛阳纸贵、一书难求的盛况再难复现。而与此同时，社会大众对图书馆的空间需求越来越强烈。

在我国，不论是高校图书馆还是公共图书馆，大排长龙、一座难求等现象普遍存在，每天早上都有大量的读者赶到图书馆排队。

图 4-2　2016 年 2 月春节期间，读者排队等候进入深圳图书馆

西方国家亦不例外。如，2018 年希腊国家图书馆新馆开放，各区域的服务时间一般是从早上 9 点至下午 2 点或晚上 8 点不等，唯独开放式阅览室（见图 4-3，类似于国内图书馆的自修室）和公用电脑，从周一至周日以及公众假期，都是从早上 6 点开放至晚上 12 点，每天开放长达 18 个小时。让夜间的希腊国家图书馆依然灯火通明的正是公众对图书馆空间的大量需求。

图 4-3　希腊国家图书馆开放式阅览室

美国甚至还建立了"无纸图书馆"，"在这座占地 4989 平方英尺的图书馆里，没有一排排书架，取而代之的是 50 台电脑、25 台手提电脑、25 部平板电脑，图书馆还将提供 100 个电子阅读器，市民可以将这些电子阅读器借走一段时间。但更有可能的是，来自地区各个角落的居民都安坐家中，利用账号浏览图书馆初期所提供的 10000 本电子书目。图书馆一周七天都将开放，还将设有学习室、会议室以及儿童区域"①。

越来越多人意识到空间资源对图书馆存在和未来发展的重要性。人们走进图书馆，不再只是为了借阅图书。"不同职业、不同背景、不同身份的社会公众相聚到图书馆这一公共文化空间，接受文化熏陶，讨论公共话题，分享交流思想，一同休闲娱乐，从而使人们加深理解互信，增强社会的凝聚力，促进社会和谐发展。"②

在吴建中等学者的推动下，我国对图书馆空间的实践探索和理论研究逐渐兴盛起来。中山大学资讯管理学院程焕文教授认为"图书馆的空间有多大，图书馆的舞台就有多大"。知识资源和空间资源是图书馆的两项根本性资源，决定着图书馆的命运。空间资源作为图书馆存在和发展的必要条件，在经历了网络化和数字化的虚拟以后，在今天已经显得越来越重要，公共图书馆尤其如此。公共

---

① 美国将建成首座无纸图书馆 初衷是应对人口增长［EB/OL］.［2020-07-06］. 腾讯网 .https：// cul.qq.com/a/20130529/017024.htm.

② 肖希明 . 图书馆作为公共文化空间的价值［J］. 图书馆论坛，2011（6）：62-67.

图书馆空间资源的拓展和空间功能的多样化必将成为公共图书馆的发展方向，并将重新塑造公共图书馆的未来。虽然为时尚早，但是，如同信息技术的发展引发图书馆的革命性变化一样，空间资源的发展亦将启动图书馆的一场新的革命性变化。①

当代图书馆不再只是搜集、整理、收藏文献资料以供人借阅、参考的文化机构，而是要承担越来越丰富的文化职能和社会职能，逐渐发展成为一个可以满足人民学习、娱乐、交流、休闲等多样化需求的公共空间，成为市民身边的"百姓书房""终身学堂"和"社会大学"，更致力于发展为"社会均衡器"，打造当代人的精神家园。要充分发挥和实现上述职能和目标，除了丰富的信息资源外，更需要图书馆实实在在、不可或缺且多多益善的空间资源。

三、空间对于图书馆推广传统文化具有重要意义

《荀子·劝学》有云："蓬生麻中，不扶而直；白沙在涅，与之俱黑。""昔孟母，择邻处。"孟母三迁的故事大家耳熟能详，孟子的母亲为了使孩子拥有一个良好的成长环境，煞费苦心，屡次搬家，体现的不仅是为人父母培育孩子的拳拳之心，也从教育的角度提出：良好的外部环境对人的成长具有十分重要的教育意义，而空间也正是外部环境的重要构成部分。

所谓寓教于景、造景怡情，空间所营造的文化气息和氛围，不仅能够给人带来视觉、知觉上最直观、感性的冲击和想象，更能带给人丰富的情感体验，激发灵感，启迪心智，对于培养人才、传播知识与文化都具有十分重要的作用。因此，无论是我国古代的书院，还是现代的学校、图书馆、博物馆、科技馆等教育文化机构，都十分注重建筑外观和内部空间环境的打造。

例如，书院作为我国古代一种重要的教育组织形式，是古代文人聚集、讲学、习艺、游息之所，其选址、布局及空间意境营造，无不处处体现出中国古代文人的精神境界和情趣，体现出中国传统文化的深厚内涵和底蕴。②首先，书院

---

① 吴建中，程焕文，科恩·戴安娜，等. 开放　包容　共享：新时代图书馆空间再造的榜样——芬兰赫尔辛基中央图书馆开馆专家访谈 [J]. 图书馆杂志，2019（1）：4-12.

② 刘婉华. 论中国古代书院的环境营造及其文化意向 [J]. 广东社会科学，2005（6）：88-92.

选址多依山傍水、绿荫掩映，这不仅是古人朴素的生态观念的自然表露，另一方面也形成了自然的屏蔽环境，隔绝闹市喧嚣，有利于学子潜心修读、怡情养性，"远尘俗之嚣，聆清幽之胜"，"藏修息游，砥砺文行"，若书院选址缺乏地理优势，便"叠石置山，引水开池，造出许多精致小巧的山景水景来"，①无论如何，也要"借山光以悦人性，假湖水以净心情"，使"士子足不出户庭，而山高水清，举目与会，含纳万象，游心万仞，灵淑之气，必有所锺"。②其次，书院教书育人、传承文化，主要讲授以儒学为基本内核的理学思想，崇尚礼制、讲求中正是儒学的基本精神之一，书院中轴对称的规整式布局充分体现了礼制的等级性、秩序性，而在主体建筑安排上先贤祠堂（特别是供祀至圣先师孔子的先师堂）等祭祀类建筑一般都安排在大堂和讲堂之后，既突出教育功能，又体现了中国传统的尊师重道的文化精神。再次，书院还通过各种装饰手法，包括建筑的装修和色彩、庭院花木的经营、书画楹联碑刻题记等，营造与文人修身济世的人生格调相契合的环境氛围，如书院建筑形象大都朴实无华，色彩清新淡雅，契合文人追求的庄重质朴的典雅格调；书院多栽松、柏、槐、榭，而花木也以梅、兰、竹、菊"四君子"为主，处处体现文人的审美情趣和对学子的教化垂范，重在创造一种"如入芝兰之室，久而自芳"的潜移默化的境界。③

图书馆正是一座没有围墙的教室，是人们的"社会大学"。在继承和发扬中华优秀传统文化的宏观背景和时代要求下，当代图书馆要实现推广优秀传统文化的重要使命，更要充分利用自身的空间资源，提升环境的文化内涵和人文精神，使其成为读者学习、交流、体验中国传统文化的首选场所和特色空间，以便更好地发挥传播和教育作用。目前不少图书馆已经产生了许多成功的案例，打造了一个个以场馆为主阵地和平台，提供文献阅览、开展读者活动等，全方位推广传统文化的优秀实体空间，如山东省图书馆尼山书院、深圳图书馆南书房等，对图书馆推广传统文化都起到了积极的示范效应。

正如吴建中所言，人们走进图书馆，不仅为了阅读书籍，也是为了感受知识

① 刘婉华.论中国古代书院的环境营造及其文化意向［J］.广东社会科学，2005（6）：88–92.

② 杨慎初.书院建筑与传统文化思想：试论文人建筑［J］.华中建筑，1990（2）：31–36.

③ 杨慎初.书院建筑与传统文化思想：试论文人建筑［J］.华中建筑，1990（2）：31–36.

宫殿散布的气息。因此，图书馆建筑不仅仅是一幢房子、一座书库，它还是区域文化的反映、社群精神的体现。人们通过图书馆建筑来阅读这一区域，就像一本书的读后感因人而异一样，一座图书馆建筑传递给每个人的讯息也是不同的。[①]一个优秀的图书馆传统文化阅读推广空间，传递给我们的正是中华优秀传统文化的永恒魅力。

第二节　如何打造传统文化阅读推广空间？

传统文化阅读推广空间，是以推广传统文化为目的，兼有藏、阅、借、展示及活动等多元功能为一体的特色服务区域，有别于一般的古籍阅览室，其实体场所的位置、大小等需要在新馆建设规划或空间整合改造时综合考虑。一般要在图书馆建筑内部，通过功能性和艺术性的空间设计，才能打造一个富有传统文化内涵，反映中华民族历史文脉与传统风貌，传承、传播中华优秀传统文化的物理空间，满足人们视觉审美和享受的同时，起到潜移默化、润物细无声的作用，促进当代国人对传统文化的美好追求。

一、传统文化对图书馆建筑空间设计的影响

儒家经典《中庸》开篇道："中也者，天下之大本也；和也者，天下之达道也。致中和，天地位焉，万物育焉。"儒家"中和"思想，从美学来看主要指结构和谐、适中、适度，对我国传统建筑的创作理念、风格布局和环境艺术等都有重要的影响。"不偏之为中"，大到城市规划，小到园林民居，都强调秩序井然的中轴对称式布局，形成了以"中"为特色的传统建筑美学性格。"天人合一"所提出的人与自然和谐一致的思维模式和价值取向，则构成了中国传统建筑最基本的哲学内涵，如中国园林建筑注重模山范水、象天法地，运用人力巧夺天工，尽量不露人工斧凿痕迹，再造自然之美，追求的正是"虽由人作，宛自天开"天人相亲、天

---

① 吴建中.走向第三代图书[J].图书馆杂志，2016（6）：4-9.

人合一的审美境界。[①]

道家认为，"大音希声，大象无形"，言"三十辐，共一毂，当其无，有车之用。埏埴以为器，当其无，有器之用。凿户牖以为室，当其无，有室之用。故有之以为利，无之以为用"，形象而生动地诠释了空间环境的实体与空虚、象形与功用之间辩证而又统一的关系。[②]有与无、实与虚相生相连，缺一不可，赋予了中国传统建筑十分丰富的空间内涵，如中式庭院的门洞，分隔空间又不阻碍视线，产生隔而不断的视觉效果，这种"虚隔"使整个空间通透连贯，富有层次和深度，正体现了道家思想中有无相生、虚实结合的美学理念。

佛学思想东渐，在中国文化土壤上形成了一个中国特色的佛教宗派——禅宗。禅文化提倡亲近自然，"僧家自然者，众生本性也"，追求人内心的自由、宁静与淡泊，崇尚寂静空灵、简约朴素之美等。禅宗美学对中国建筑设计的影响十分深远，如禅宗美学的空寂观，使中国人的审美经验臻于空灵、缥缈、无限的美学境界，在静寂的氛围中展现生命的跃进，这与著名建筑大师密斯·凡德罗（Ludwig Mies van der Rohe，1886—1969）"少即是多"的设计理念有异曲同工之妙，即将一切设计元素精简到最适合的状态，也就能够呈现出一种"空"的境界。[③]

儒、道、佛三家的思想体系丰富、博大且深邃，构成了中国传统文化的主体格局，各以其不同的文化特征推动着中华文化的繁荣发展，也一直是中国传统建筑和空间设计的灵感源泉。以上仅举各家较为突出的几个特点，以说明其对建筑学、空间设计理论和实践的影响是复杂的、多方面的，只有深入了解其文化内涵，掌握精髓，才能在设计中真正体现中华传统文化的特点与魅力，打造出独具特色的传统文化阅读推广空间。

二、地域文化对图书馆建筑空间设计的影响

地域文化是特定区域的生态、民俗、传统、习惯等文明表现，是一个区域的人们在长期的生活过程中形成的生活习惯、价值取向、审美观念、文化信仰等方

---

① 黄艳丽.中国当代室内设计中对传统文化传承方式的研究［D］.长沙：中南林学院，硕士学位论文，2005：13.

② 颜文明.中国传统美学与环境艺术设计［M］.武汉：华中科技大学出版社，2017：54.

③ 颜文明.中国传统美学与环境艺术设计［M］.武汉：华中科技大学出版社，2017：87.

面的总和，是一个国家整体、一个民族群落核心文化的分支和基础，[①]其形成一般受当地地域环境、自然条件、季节气候、历史遗风、先辈祖训和生活方式，以及当地民俗礼仪、风土人情等各方面因素的影响。

地域文化具有丰厚的历史文化底蕴，也影响了建筑学与空间设计艺术的发展，使其风格形式多样化，反映出了地方文化与地域特色。我国疆域辽阔，各地自然环境、社会经济环境不同，在漫长的历史发展过程中，逐步形成了各地不同的民居建筑形式。例如，北京四合院采取中轴对称式布局，各幢房屋朝向院内，以游廊相连接，是中国传统社会宗法观念和家庭制度在居住建筑上的具体表现，亦体现了华北人民正统、严谨的传统性格。江苏民居以苏州为代表，水网密布，房屋多依水而建，自然融于水、路、桥之中，形成了江南地区特有的细腻、温情的水乡文化。岭南传统广府民居的代表是镬耳屋，山墙状似镬耳，故称"镬耳屋"，其象征着官帽两耳，具"独占鳌头"之意，唯有拥有功名的乡绅方能采用，也是家境殷实的象征。[②]又如室内陈设上，江浙地区受明清江南文化影响，多选择古典实木家具；广东福建地区夏季长，气候潮湿闷热，偏好竹藤类座椅等。

图4-4 首都图书馆北京地方文献中心入口

2008年11月1日起施行的《公共图书馆建设标准》（建标108—2008）《条文说明》第三十条已明确指出：公共图书馆是集中体现当地文化积淀和文化精神的建筑，其外观造型、室内装修和环境设计，在满足功能优先、适用为本原则的前提下，应充分反映当地的文化传统和特点，创造富有独特风格的图书馆建筑形象。因此，充分应用地域文化元素，从不同的地域文化中汲取养分，打造一个富有传统文化内涵和当地特色风格相结合的实体空间，更符合人们的心理舒适度，可以更好地推广、传播优秀传统文化。如首都图书馆九楼北京地方文献中心入口处的影壁、大门，正体现了当地传统建筑特色，让人产生身临其境的感觉。

---

① 李红松，廖丹.人文语境下的室内设计研究［M］.北京：光明日报出版社，2016：3-4.
② 中国传统民居［EB/OL］.［2020-07-07］.百度百科.https://baike.baidu.com/item/%E4%B8%AD%E5%9B%BD%E4%BC%A0%E7%BB%9F%E6%B0%91%E5%B1%85/4986954?fr=aladdin.

三、传统文化阅读推广空间设计的主要手段

室内设计是一门综合性学科，是建筑设计的继续和深化，是室内空间和环境的再创造，设计的内容包括形象造型、环境氛围、具体事物要素的配置处理等。[①]其中，环境氛围设计包括物理环境与艺术环境，艺术环境的形成主要是以人的心理和精神感受来对室内环境进行设计，以室内植物绿化、色彩设计、家具摆放、陈设艺术品等手法、手段共同塑造完成，注重对室内界面的装饰性处理，以及空间内容的布置，以视觉艺术为标准，实现室内外表、形式上的完美结合，以营造出计划实现的某种风格的室内环境为取向，使室内环境达到某种意象及意境的生成，这也是反映室内设计物质文化、精神文化层面特征的必要手段。[②]打造传统文化阅读推广空间，即按照室内设计的要求，充分运用传统文化元素，重点塑造特色鲜明的艺术环境，重构和再现传统文化的独特魅力，其主要手段包括材料、色彩、光照、绿化、家具和陈设的应用处理。

（一）材料的选择

材料是设计的物质基础，近年来材料技术不断发展，包括木材、砖、石材、金属、玻璃、塑料、墙纸、涂料等。各类材料的色彩、光泽、结构、纹理、质地不同，能带给人不同的视觉、触觉和心理效果，巧妙选择不同的材料和装饰手法能够营造出各具特色的空间环境。如美国著名建筑师弗兰克·劳埃德·赖特（Frank Lloyd Wright, 1867—1959）认为，"木材是与人类关系最密切的一种材料"，拥有柔和温暖的视觉和触觉效果，[③]体现了大自然的生命力与艺术性。我国传统建筑一般以木材为房屋构架，属于木结构系统，因此打造传统文化推广空间宜多选用木材，营造古朴雅致的意趣。砖石材质一般较粗糙、厚重，表现力天然淳朴，风格较为粗犷、突出，因拥有悠久的手工制造历史，被认为能赋予建筑温暖和人性，也可搭配结合使用。金属、玻璃等表面光滑、质地紧密，有寒冷的感觉，则较少采用。

---

① 王其钧.室内设计［M］.北京：机械工业出版社，2007：5.

② 王其钧.室内设计［M］.北京：机械工业出版社，2007：8–9.

③ 王其钧.室内设计［M］.北京：机械工业出版社，2007：65.

（二）色彩的处理

色彩能给人最直观的视觉和心理感受，丰富多样的颜色可以分成无彩色系和有彩色系两大类。无彩色系是指白色、黑色和由白色与黑色调合形成的各种深浅不同的灰色。有彩色系的颜色具有三个基本特性：色相、明度和纯度，根据其不同的色相、明度和纯度搭配使用，能够塑造和渲染出特定的空间环境氛围。红、橙、黄、绿、蓝、紫为基本色相。明度指色彩的明暗程度，可用黑白度来表示，愈接近白色，明度愈高，愈接近黑色，明度愈低。纯度指色彩的鲜艳程度，所有色彩都是由红黄蓝三原色纯度组成，原色的纯度最高。不同的色彩会使人产生冷暖、轻重、软硬、进退、大小、华丽与质朴、活泼与庄重、兴奋与沉静等各异的心理反应，在人们的长期感受中逐渐形成了特定的象征内容。如红色易联想到太阳、火焰、鲜血、革命等，容易使人兴奋、热情、勇敢等；黄色一般代表着高贵、辉煌、希望、丰收，使人明朗、欢快；橙色易引起食欲，广泛应用于食品包装或酒店餐馆；绿色是人眼最适应的色光，象征生命、和平、青春等，能使人放松身心、回归自然；蓝色使人联想到大海、天空，代表着广阔、遥远、高深、沉静、理智等；白色代表光明、单纯、洁净、淡雅、朴素等；黑色较高级、稳重、踏实、成熟。

单调的色彩易产生视觉疲劳，合适的色彩搭配能够调整空间的视觉比例、改善光照，在空间设计上要善用色彩搭配的黄金比例，室内色彩构成不要超过三个色彩的框架，即主色彩、次要色彩、点缀色彩按6∶3∶1的原则进行色彩比重分配。[①]空间配色一般遵循"硬装—家具—灯具—窗艺—地毯—花艺—饰品"的顺序。需要注意的是，长时间接触高纯度黄色，会让人有一种慵懒的感觉，减慢思考速度，所以黄色不适宜用在需要长时间专注思考或学习的阅读空间。

（三）光照的设计

通过光可以表现空间的形体、色彩和质感，以创造室内不同功能需求的环境气氛，光通过直射、过滤、反射、扩散或光影的变化还可创造不同的空间意境。人工照明是现代室内环境设计的主要手段，分为功能照明和美学照明，前者是合理布置光源，可采用均布或局部照射的方法，使室内各部位获得应用的亮度；后者则利用灯具造型、色光、投射方位和光影取得各种艺术效果，任何室内要素都

---

① 陈根.环境艺术设计看这本就够了［M］.北京：化学工业出版社，2017：133.

离不开照明。[①]一般我们尽量利用建筑空间顶棚和窗户的设计，结合使用自然光与人工照明，实现综合采光。光色可分为暖色光、冷色光、日光型和颜色源，其亮度和色彩是营造氛围的重要因素，一般暖色光表现温馨、愉悦、华丽，冷色光较宁静、清爽、高雅。光影的构成也是空间造型和视觉环境渲染中重要的组成部分，在室内摆放不同形状、材质、色彩的物体时，光照会使物体表面产生不同的亮度形成光影对比，较好地表现物品的立体感或造型，由此产生丰富的视点变换和空间形象。多种多样的灯具造型，如吊灯、落地灯、壁灯、台灯等，也能对空间环境起到良好的装饰效果。传统文化阅读推广空间的照明应兼顾舒适性和艺术性，亮度适当、均匀，并体现一定的文化品位和特色。

（四）绿化的应用

室内绿化在我国历史久远，通过绿化可改善环境气候，净化空气，实现空间的自然分隔、过渡和引导，美化环境，柔化空间，陶冶性情，形成"绿色的空间"，不仅有益于生态平衡，更对人们的工作、生产、学习有极大的促进作用，使人精力更为充沛，思路更为敏捷。室内绿化的布置一般利用剩余空间，或不影响交通的墙边角隅，利用悬吊、壁架等方式尽量少占用使用面积，既可作为重点装饰也可作为边角点缀，与家具、陈设、灯具等结合布置更可相得益彰，具体可包括普通绿植、花卉、盆景、插花等。自古以来，我国的文人墨客就根据植物的叶容花貌、枝干姿态、生长特性等，赋予了它们不同的情感表达和寄托。如屈原《楚辞》以香草比之君子，喻人格之高洁，周敦颐《爱莲说》称莲"出淤泥而不染，濯清涟而不妖"，松、竹、梅被誉为"岁寒三友"，梅、兰、竹、菊又被称为"四君子"，牡丹象征富贵、萱草为忘忧等。打造传统文化阅读推广的空间，可以借鉴我国古典园林植物配置的原则，更重视其"品格"，以比、兴为主，由情入景，丰富空间的内涵和深化意境。

（五）家具的布置

家具的分隔组合，可以提高空间利用率，营造整体的通透感及和谐感，除了舒适、耐用等使用功能外，其材质、造型、色彩和质地等更是构成室内空间视觉

---

① 王其钧.室内设计［M］.北京：机械工业出版社，2007：101.

美感和艺术风格的主体，对创造整体空间的效果可以说起着决定性影响。现代家具按材质来分一般有木质家具、竹藤家具、金属家具、塑料家具、软体家具、石材家具等。木质家具最为常用和普遍，形式多样，既有仿古样式可营造古典雅致的空间氛围，也有现代感形式充满了时尚气息。竹藤家具以竹藤为材料编织制作而成，富有弹性和韧性，充满大自然的乡土气息和地方特色，颇具艺术感和情趣。金属家具一般简洁大方，造型设计较为前卫，现代乃至未来气息强烈。塑料家具一般质轻、防水、防锈，造型和色彩更丰富，装饰效果好。家具的艺术造型和风格一般都带有强烈的地方文化和民族特色，打造传统文化阅读推广空间，正是要利用家具的这一特性加强传统文化的表现和氛围的营造，一般宜选用木质中式家具，如典型的中国明清式家具，营造古朴、典雅的中国传统风格。

（六）陈设的艺术

室内陈设品的范围十分广泛，内容丰富，形式多样，其蕴含的审美情趣和文化意义对空间环境的形象塑造、氛围营造等都起到了画龙点睛、锦上添花的作用，一般分为实用和装饰陈设品两大类。在图书馆传统文化阅读推广空间，装饰类陈设品应用更为广泛，文房四宝、书画、茶具、古玩、雕塑、盆景、古琴、织物、屏风、工艺美术品等都可纳入其中，此处可借鉴中国传统文人士大夫的书斋陈设。

明代学者高濂在《遵生八笺》的"高子书斋说"中描绘了一幅十分令人神往的书斋环境："窗外四壁，薜萝满墙，中列松桧盆景，或建兰一二，绕砌种以翠芸草令遍，茂则青葱郁然。旁置洗砚池一，更设盆池，近窗处，蓄金鲫五七头，以观天机活泼。斋中长桌一，古砚一，旧古铜水注一，旧窑笔格一，斑竹笔筒一，旧窑笔洗一，糊斗一，水中丞一，铜石镇纸一。左置榻床一，榻下滚脚凳一，床头小几一，上置古铜花尊，或哥窑定瓶一。花时则插花盈瓶，以集香气；闲时置蒲石于上，收朝露以清目。或置鼎炉一，用烧印篆清香。冬置暖砚炉一。壁间挂古琴一，中置几一，如吴中云林几式佳。壁间悬画一。书室中画惟二品，山水为上，花木次之，禽鸟人物不与也。……名贤字幅，以诗句清雅者可共事。……用小石盆一，或灵壁应石，将乐石，昆山石，大不过五六寸，而天然奇怪，透漏瘦削，无斧凿痕者为佳。……"①文中提到的书房文具，除了通常的笔墨纸砚"文房四宝"外，其余如水注、笔格等，较为少见，可参考明代文人屠隆的《文具雅编》，其中记述了四十余种文房用具，包括砚匣、砚床、砚山、墨匣、墨床、镇纸、裁刀、笔格、笔床、笔挂、笔筒、笔洗、水注、水丞、臂搁等，几集当时文房清玩之大全，这些案上风雅都可作为重要的装饰陈设，同时其布置也要讲究疏朗有致、方位有序，如清代学者李渔在《闲情偶寄》中所言"安器置物者，务在纵横得当"，方能显出构思精巧、格调雅致，引领人们进入其营造的高雅境界。

四、新中式风格在传统文化阅读推广空间打造中的应用

传统中式风格以宫廷建筑等中国古典建筑为代表，多用对称式布局，式样繁复精美，做工考究，端正稳健，气势恢宏，造价一般也较高。随着我国社会的发展、科学技术的进步和人们生活方式的不断演变，传统中式风格不断创新、演绎，逐渐形成一种新中式风格，广泛应用在现代建筑和室内设计上，将传统文化元素与现代材质、工作生活习惯有机融合，古为今用，古今融合，巧妙兼柔，十分适合图书馆等公共建筑空间实用与美观兼顾的需求。例如传统中式建筑主要以深红、棕色、黑色、褐色等深色为主，大气沉稳、庄重气派，但基于色彩科学和当代人审美观念的变化，新中式风格会选择灰、白、黑或米色、土色等自然色系为主基调，辅以传统中式风格的色调为点缀，给人们更舒适、自然、温暖的视觉享受。又如新中式家具可以用实木饰面或仿木纹纸等新材料，采用新技术、新工艺对传统中式家具进行改良，有选择地运用传统纹样，舍弃一些过于繁缛的装饰，增加实用性的同时又保留古色古香之感。

在图书馆空间打造的实践应用中，"新中式风格表现为把中国传统书房建筑的非承重构件置于当今信息文化背景下的重新表达"②，"根植于中国古代书房的形制"。根据当代比较典型的图书馆特色空间实例，新中式风格在图书馆空间上的运用一般包括四个要点：一是空间适用的类型，可在交流空间、藏书空间和阅

---

① 高濂．遵生八笺［M］．刘立萍，李然，李海波，张林，校注．北京：中国医药科技出版社，2011：114–115.

② 罗惠敏．论图书馆藏阅空间的历史文化当代诠释与表达——以新中式风格为例［J］．图书馆研究与工作，2020（3）：5–9.

读空间等特定功能性区域中使用；二是空间的分隔，可巧妙运用书柜、屏风、博古架等"隔而不断"的元素，营造自然古雅的氛围和空间丰富的层次感；三是家具的样式，可优先选择仿明式家具的椅凳、桌案和柜架等，材质宜厚重、色彩宜沉稳、雕饰宜简约；四是陈设的挑选，可选择包含传统书房装饰元素的现代装饰品，包括但不限于砚山、笔架、花瓶、字画、靠垫等。总之，图书馆的新中式空间应以传统书房文化为内核，以书房家具器物的设计语汇为基础，在当代文化背景下再挖掘、再创作和新应用，这是图书馆传承我国文化的重要途径之一，也是图书馆表达历史和当代文化融合的重要手法,具有深远的社会价值和文化价值。[①]这也与此前引用的"高子书斋说"所述有异曲同工之妙。

需要再次强调的是，公共图书馆打造传统文化特色的阅读推广空间，不用一味仿古，宜选择与整体建筑造型更为和谐、统一、自然的中式风格进行空间设计，以温馨的人文关怀营造端庄典雅的东方精神境界，方能更好地展现与弘扬中华优秀传统文化的内涵和魅力，提升读者的人文体验。

第三节　传统文化阅读推广空间打造的实践案例

近年，各地公共图书馆和高校图书馆都陆续建设了一些独具特色的传统文化阅读推广空间，特举数例，以供参考。

一、"图书馆＋书院"——让古老书院在现代图书馆中焕发青春

书院是我国古代特有的集藏书、教学与研究活动于一体的文化教育机构。近年来，"图书馆＋书院"的发展模式在许多地方相继出现，以书院为平台，依托图书馆馆藏资源、工作机制与服务体系，深挖历史文化品牌内涵，开发其蕴含的厚重文化积淀，两者结合打造成为弘扬、传播中华优秀传统文化的重要窗口。此处以国内较成熟的山东省图书馆尼山书院、福建省图书馆正谊书院为例。

---

① 罗惠敏．论图书馆藏阅空间的历史文化当代诠释与表达——以新中式风格为例［J］．图书馆研究与工作，2020（3）：5–9.

（一）山东省图书馆尼山书院

2014 年 5 月，山东省文化厅出台《关于在全省创新推进"图书馆＋书院"模式建设"尼山书院"的决定》，以统一化、标准化为原则，在全省推进建设"图书馆＋书院"的公共文化服务模式，以"尼山书院"命名，深入开发其历史与文化资源，让古老书院在现代图书馆中焕发青春。

2014 年 6 月，《"尼山书院"建设与服务标准（试行）》颁布，"第三章 设施建设"共七条详细规定了尼山书院的空间设施要求，具体包括：第十一条，尼山书院设施建设的总体布局是做到"六个一"，即都有一个统一标牌，矗立或悬挂一尊孔子像，设立一个国学讲堂、一个道德展室或展区、一个国学经典阅览室或阅览区、一个文化体验活动室或活动区。要求分布合理、布局紧凑。第十二条，书院标牌的制作大小、规格应与建筑物墙体谐调有序，推荐采用木质材质标牌，红底黑字，标牌的字体须采用曲阜明弘治年间所立"尼山书院"石碑上字体。第十三条，书院所矗立（或悬挂）的孔子像，统一采用吴道子所作《先师孔子行教像》。第十四条，国学讲堂要大型讲座和小型课堂相结合，形式灵活多样，内容丰富多彩。省图书馆国学讲堂容纳人数不少于 60 人，市级不少于 40 人，县级不少于 30 人。第十五条，有条件的图书馆，可选择历代先贤英烈、革命英模、道德模范、山东及当地好人等，设立先贤英模事迹展室。不具备设置展室条件的，要设置展区。展览内容应定期更换。第十七条，各级图书馆结合当地特色，根据群众需求，合理规划，建设传统文化体验室，主要用于体验古代传统礼仪、开展琴棋书画和当地民间艺术传统等文化活动。①

值得一提的是，尼山书院的 Logo 设计以春秋时期的"如意玉璧"为基础造型元素，玉璧取孔子语：君子比德与玉。中心图案则选自尼

图 4-5 尼山书院 logo

---

① "尼山书院"建设与服务标准（试行）［EB/OL］.［2020-07-06］.尼山书院网 .http：//www.nishanshuyuan.com/nssy/webpage/college/college_list_info.jsp?strCode=syjs&id=941.

山书院棂星门造型加以提炼，用虚实结合的创意元素组织形象，诠释了儒家思想的厚德包容，古朴中又不失现代简约。整体的酱红色体现了浓厚的文脉气息，也预示着尼山书院事业的继往开来，蓬勃发展。

图4-6 奎虚书藏楼内阅览室，
高悬"读书堂"匾额

山东省图书馆国学分馆尼山书院坐落于山东省图书馆的旧址大明湖畔遐园内，由奎虚书藏、博艺堂、海岳楼三处组成，现代建筑与古典风格的庭院交相呼应，相得益彰。奎虚书藏楼1936年建成使用，建筑坐西面东，平面为"山"字形，红砖砌墙，平屋面，钢筋混凝土结构。建筑立面按五段处理，南、北两端和中间部分稍突出，为现代建筑风格。建筑顶部女儿墙做叠落状马头墙处理，正中为时任国民政府教育部长的傅增湘先生题写的"奎虚书藏"四个大字，意为"奎星主齐，虚星主鲁，奎虚者，齐鲁分野也"。南、北两端的女儿墙亦采用叠落的马头墙形式，与中间部分相呼应。博艺堂原于1910年修建，后经战火被毁，2014年重建，也是红砖墙面，内以"六艺"展示为主题，二楼设古琴课堂，整体装修风格庄重典雅，采用榆木制作的明清样式家具。海岳楼也是遐园建园之初的主体建筑之一，几经战火摧毁和政府重建，现为国学讲堂所在地。①

图4-7 奎虚书藏楼内数字国学体验馆

① 李西宁，张岩.图书馆经典阅读推广［M］.北京：朝华出版社，2015：50-51.

（二）福建省图书馆正谊书院

正谊书院，创建于清同治六年（1867年），是清代福建省城四大书院之一，其前身为闽浙总督左宗棠创立的正谊书局。"正谊"二字，可追溯至康熙年间的鳌峰书院的"正谊堂"，原取自《汉书·董仲舒传》"正其谊不谋其利，明其道不计其功"句。1913年，福建省图书馆迁入正谊书院旧址。新中国成立后，福建省图书馆不断扩建，但原书院遗留房屋始终隶属于该馆。2009年，福建省图书馆修缮"正谊书院"的原有建筑物，2011年竣工。

图 4-8　尼山书院博艺堂

2015年1月25日，正谊书院正式对外开放，实用面积约400平方米，其本身是古旧建筑，修缮时以修旧如旧为原则，整体保持了古朴典雅的传统书香气息，门额上现存一块字径盈尺青石刻的横匾，上镌"正谊书院"四个大字，是当时闽籍书法家郑世恭（曾任正谊书院山长）所书，书院内的部分门柱、立柱、横梁、石板等构件仍为当年旧物。

福建省图书馆为书院确立了"文化·传统·经典·创新"的定位，采用"国学精品课程＋国学讲座＋传统文化活动＋传统文化展览"等多种形式，为广大青少年及爱好国学的读者打造优秀的国学教育品牌活动。推开书院大门，就能感受到书院内宁静而典雅的魅力。天

图 4-9　福建省图书馆正谊书院

井及回廊上铺满的清代石块、厅堂上古色古香的红木、厢房内各式各样的国学书籍及价值连城的善本影印本……清幽怡人的教学环境能吸引更多的读者走进书院学习。①

---

① 叶杨晖."公共图书馆＋书院"模式下关于书院弘扬传统文化的思考——以福建省图书馆正谊书院为例［J］.山东图书馆学刊，2018（1）：41-44.

图 4-10　正谊书院纪念朱熹诞辰 888 周年
"重走朱子之路"书法交流展和笔会（福建
省图书馆提供）

图 4-11　正谊书院"共读最美书家训——
纪念百年情书《与妻书》书就 105 年"庭院
剧剧照（福建省图书馆提供）

二、地域文化和地方文献推广空间——广州图书馆人文馆

广州图书馆人文馆位于馆舍北塔楼第九层，以拓展地方人文专题服务、保存地方文化遗产、弘扬岭南文化为目标，以人文社科藏书为主，重点开展《广州大典》、地方名人专藏、家谱族谱、广府文化等专题资料服务，是开展地方人文专题服务和广府文化研究的品牌基地，也是岭南地方人文文化的展示、交流和共享空间。广州图书馆人文馆设《广州大典》专区、广州文献区、地方名人专藏区、家谱查询中心，收藏广州政治、经济、历史、文化、地理等各方面文献资料，其中名人专藏、家谱文献为重点特色馆藏。①

青砖墙、满洲窗，处处都是古色古香的明式家具。人文馆藏书柜采用改良后的明式书柜，每个柜高约 2.3 米，长约 1 米，宽约 0.5 米，每排并列四个，书柜材质为刺猬紫檀，柜脚有结图纹浮雕，柜门四边饰以回字纹透雕，并以玻璃作底，合页和门锁为传统铜制。书柜整齐划一、体量宏大、色彩浑厚、装饰含蓄，在现代化的建筑中形成富有历史厚重感的文化空间，也使传统书房古朴典雅的文化氛围得到充分体现。②

---

① 何虹.图书馆地方文献资源建设与利用途径探索——以广州图书馆为例［J］.图书馆,2019（11）:
　105-111.
② 罗惠敏.论图书馆藏阅空间的历史文化当代诠释与表达——以新中式风格为例［J］.图书馆研究
　与工作, 2020（3）: 5-9.

图 4-12　广州图书馆人文馆

三、城市经典阅读空间——深圳图书馆南书房

2013 年 11 月深圳图书馆创设南书房，位于主体馆舍一楼东侧，是集阅读、活动与展示功能于一体的城市经典阅读空间，面积约 300 平方米。"南书房"之名的由来有多层含义。清康熙十六年（1677 年），"南书房"设立，本是康熙帝读书处，备顾问、论经史、谈诗文之用，中国第一历史档案馆并藏有《南书房记注》，清代士人视之为清要之地，以能入内为荣，后成为决策中枢要地。时移世易，深圳图书馆赋予其新的时代内涵："南"可以理解为深圳市莲花山以南的"南"、南方以南的"南"、邓小平同志南方讲话的"南"、温暖冬季北燕南归的"南"、"南"意味着阳光、温暖、开放、希望。民众进入这个超长时间开放、无干扰、全自助服务的宁静空间，可以思接东西文明，神游历史长河，自由享受毫无功利与压力之阅读带来的启迪与收获。①

---

① 张岩. 从经典阅读到返本开新的文化建设———以深圳图书馆"南书房"经典阅读空间为例［J］. 图书馆论坛，2016（1）：61-66.

为营造轻松的阅读环境，"南书房"设计典雅、简约，贴近家庭书房，色调清新，既有阶梯状长凳，也有落地窗边的舒适座椅，中国风橘色灯座和朱砂色墙壁给人古典厚重的感觉，流线型的白色书架、隔断与疏密有致的绿色植物又带来时尚清新之感，是较为典型的新中式风格。

图 4-13　深圳图书馆南书房

类似风格的还有辽宁省图书馆与专业公司合作打造的"文溯书房"，位于该馆内三楼南侧，是一个侧重国学思想传播，彰显中华传统文化的国学经典主题专区，其名称源于沈阳故宫的文溯阁，文溯阁是清代为专藏《四库全书》而建的藏书楼，而"文溯书房"则是藏有中华优秀文化经典，弘扬中华传统文化的"悦读"空间，以古典装饰和中式风格打造庄重大气、雅致厚重的空间环境，配备古香古色的阅览坐席，使读者可以身临其境地感受传统文化的氛围。[①]

四、高校图书馆传统文化阅读推广空间举例

（一）华南师范大学图书馆至善堂

华南师范大学图书馆，其前身可以追溯到 1933 年建立的勤勤大学师范学院图书馆，经过 80 余年的建设和发展，现已形成"一校三馆"发展格局，为满足读者对空间服务的需求，其石牌校区图书馆经过改造，六楼建成至善堂，旨在弘扬中华优秀传统文化，培育学生人文素养，交流学术思想，开展经典阅读活动等，约 270 平方米，分为博雅斋、尚书房和听雨轩三部分，设计布局巧妙，将琴、

---

① 赫英鹏，刘妍. 公共图书馆主题阅览空间构建研究——以辽宁省图书馆为例［J］. 图书馆，2018
（3）：106—111.

棋、书、画、茶、香、诗、花等意象汇聚在小小的空间里，一步一景。"博雅斋"
主要组织主题研讨活动，是比较典型的新中式风格空间，内有与楼层同高的博古
架将其分隔为书画区与茶座区两部分，"茶座区为交流空间，以 8 米长案为空间
主角，两边各放 4 张双人太师椅，形成'二人同坐'和'多人对坐'的意见交换
平台。大型实木书架作为分隔墙面，疏落存放线装丛书，整体环境严肃冷静；椅
凳的棉麻坐垫与桌面白瓷茶具的点缀，又为空间增添了风雅和趣味。桌案居中，
旁设椅凳。整体布局均衡而稳定，家具古典而庄重，屏风围合又通透，花木清逸
而恬淡"。①"听雨轩"主要用于师生学习、交流与研讨，桌、凳及书架家具均为
白色系，墙壁上悬挂长幅水墨字画，整体呈现出一种内敛、沉稳及淡雅的空间
气质。

图 4-14　华南师范大学图书馆博雅斋（华南师范大学图书馆提供）

---

① 罗惠敏 . 论图书馆藏阅空间的历史文化当代诠释与表达——以新中式风格为例［J］. 图书馆研究
与工作，2020（3）: 5-9.

图 4-15　华南师范大学图书馆听雨轩（华南师范大学图书馆提供）

（二）同济大学图书馆闻学堂

图 4-16　同济大学图书馆闻学堂局部空间（同济大学图书馆提供）

　　同济大学图书馆闻学堂于 2013 年 9 月开放，其位于图书馆十楼南，是集传统文化文献借阅、展示、研讨三项功能于一体的空间，旨在通过传统文化学习、互动、体验并结合传统阅读、交流、讲座等形式，在图书馆内搭建创新形式的传统文化教育平台，为学生营造一个传统文化学习与美学熏陶的空间。[①] 藏有精选中华传统文化相关图书约 5000 册，设有 100 多个阅览与休闲席位，由展示区、阅览区和研讨区三个主要功能区构成，内部空间采用传统古典风格设计装饰，古香古色，韵味独特。先后开辟了"闻学讲堂""闻学展堂""闻学课堂""闻学知行堂""闻学雅集堂"等活动平台，立体展现中华优秀传统文化独特魅力，满足广大师生多角度的文化需求。

图 4-17　同济大学图书馆闻学堂特色展览——"石头记"（同济大学图书馆提供）

[①] 同济大学图书馆闻学堂［EB/OL］.［2018–09–27］. 同济大学图书馆网 .http：//www.lib.tongji.edu. cn/index.php?classid=11999.

地方历史文化发掘、研究与推广

地方历史文化是图书馆开展传统文化阅读推广的重要组成,是构建特色馆藏、营造特色空间、打造特色文化品牌的重要抓手。图书馆通过对当地地方历史文化的挖掘、收集、保护和开发,承担起传承和弘扬传统文化的重要使命。本讲解析地方历史文化的内涵、特征、作用,并进一步介绍图书馆在地方历史文化阅读推广中的素材采集、文献研究、资源挖掘、成果转化和业界案例,着重指出其中的难点、重点。

第一节　地方历史文化的内涵、特征及其作用

一、地方历史文化的内涵

(一)释义

地方历史文化是一个地区文化资源的重要组成部分,它既承载着一个地区的历史记忆,反映了当地历史进程中的人和事,也往往是当地的文化名片,体现了当地独特的风俗民情和人们独有的精神面貌。

"地方历史文化"这一概念中,"历史"和"文化"的关系较难厘清。对此历史学家钱穆曾言:"文化是本质,历史是现象,现象反映本质,本质决定现象。""历史与文化,此二者实际是一而二,二而一的。有了历史,才有文化,同时有了文

化就会有历史。也可说文化是'体'，历史是此体所表现的'相'"。①由此可见，文化和历史是交织融合的关系。至于"地方"则是一个地域的限定，包含了地域范围内所有的物质文化和精神文化。因此，"地方历史文化"一词，既包含了地域空间的限制性，又包含了历史变迁方面的发展性。

综上，地方历史文化可定义为：某地区内受到历史条件、自然环境等因素所影响形成的、具有鲜明地域特色的文化。

（二）分类

地方历史文化从形式上可分为有形文化和无形文化。有形文化又称物质文化，是直观浅表的、以物质实体存在的，包括不可移动的建筑、壁画、聚落、石刻等历史遗迹，也包含可移动的各种历史典籍、艺术品和各类器物等。其中纸本地方文献属于可移动的有形地方历史文化资源，是图书馆的收集重点，如地方史志、谱牒、地方概况、人物、风俗、经贸概况、出版物等。

无形文化则是民众在长期的生活劳动中总结出的一种精神层面上的文化，其以人为载体，依赖人的声音、形体动作、表演等行为来表现，是一种内隐的、非物质的文化形式，包括节日、信仰、仪式以及语言文字、文学艺术、绘画美术、音乐舞蹈、神话传说、风俗习惯和民族节庆等非物质文化遗产。

需要说明的是，有形文化与无形文化是相互依存、相互交织的共同存在，不可生硬割裂。例如地方名人文化，既包含名人故居、著述收藏等物质遗存，又包括其掌故事迹、宗族源流、民俗技艺等无形文化。在这里，有形文化反映了无形文化的内涵，是无形文化的容器，而无形文化需要用文字、影像等物质手段加以挖掘、记录和呈现，二者都是地方历史文化的组成和反映。

二、地方历史文化资源的特征

要推广地方历史文化，离不开对地方历史文化资源的挖掘和整理。地方历史文化资源是指某地域范围内产生的历史文化遗存，能够科学合理地开发利用，甚

---

① 朱晓彧.历史文化资源的当代意义——重读钱穆先生《国史新论》[J].华南师范大学学报（社会科学版），2013（06）：133.

至进行阐析、评论、扬弃、升华的部分。[①] 其为人类社会进步的记录，是社会文明的结晶，是人类创造的物质财富和精神财富的积淀。地方历史文化资源具有如下特征：

（一）地域性

地域是对历史文化资源的前置限定，决定了其具有地域性的特点。这一特点随处可见，如在各地方志中，必有一节"分野"，也就是地域的分界线，明确方志所记述的内容的地理界限。岭南史志《南越五主传·序》记载："（南越国）地括五岭以南，今之两粤十有其七八，远逮交趾，与闽越、东越、长沙、西建瓯骆土壤邻接。"[②] 几言数语就将一个地域范围描述和勾勒出来，并以此为基础研究该地域内的历史文化。

地域性包含了自然环境的地域差异，诸如地理、水文、气候、动植物，等等。不同的自然条件孕育了不同的生产方式，也产生了不同的历史文化。梁启超就曾以地理差异举例："地理与历史，最有紧切之关系，是读史者所最当留意也。高原适于牧业，平原适于农业，海滨、河渠适于商业。寒带之民擅长战争，温带之民能生文明。"[③] 此外，地域性也体现在社会条件的地域差异，如方言、民俗、经济、教育等，我们常说的"十里不同音，百里不同俗"说的就是地方历史文化中的方言、民俗的地域性特点。

（二）公共性

地方历史文化资源为地域内人类活动所共同创造，从全人类的高度来考虑，其不局限于某地域或某群体，是全人类的共同财富，具有公共性。中国已有 56 项世界文化和自然遗产列入《世界遗产名录》，其中世界文化遗产 38 项、世界文化与自然双重遗产 4 项，世界自然遗产 14 项。[④] 这些世界遗产已经跨越了国界，成为全人类的共同资源，并且得到全人类的关注和保护。

---

① 向志学，向东. 谈谈资源和历史文化资源［J］. 武汉大学学报（人文科学版），2006（03）：331–336.

② 李默，等，点校. 岭南史志三种［M］. 广州：广东人民出版社，2011：213.

③ 梁启超. 中国历史研究法［M］. 北京：中国书籍出版社，2017：294.

④ 世界文化遗产名录［EB/OL］.［2022–1–26］. 联合国教育、科学及文化组织网 .http：//whc.unesco.org/en/statesparties/cn.

公共性还体现在地方历史文化资源与民众紧密融合，普罗大众都是其持份者，可以直接接触，直接运用，直接受其影响。例如生活在北京老城区的人们，他们讲"京片子"、吃爆肚、喝豆汁、住四合院、走在皇城根下，直观体现了地方历史文化就是他们共同的生活体验与精神感受。

（三）客观性

地方历史文化资源的客观性体现在其一经创造，就由主体活动变成客观事实，其不可选择、不可假设、不可逆转。客观性也是历史唯物主义的基本出发点，马克思在分析历史客观性时这样论述："人们自己创造自己的历史，但是他们并不是随心所欲地创造，并不是在他们自己选定的条件下创造，而是在直接碰到的、既定的、从过去承继下来的条件下创造。"[①]什么是历史真实？历史有事实吗？史学界和哲学界不断地追问这一问题。我们需要辩证地看待地方历史文化的客观性：历史是客观的，但是认识历史是通过前人的论述和史料的挖掘，具有间接性，我们没有生活在古代，但我们能从史料中获得原来地方历史文化的概貌，历史事实与我们能接触到历史文本之间可能存在失真，但并不妨碍历史文化客观的存在，哪怕是故意曲解、甚至伪造的史料也反映了造假这一客观过程。

（四）时代性

历史学家钱穆指出："研究历史也随时代而不同。时代变了，治学的种种也会随之而变。我们今天所需要的历史知识，与从前人所需要的可以有不同。我们需要获得适合于我们自己时代所要求的知识。古人对历史诚然有许多研究，但有些我们已用不着。我们需要的，古人未必用心到。我们须得自己有新研究，把研究所得来撰写新历史，来贡献于我们自己这个新社会。"[②]这可说是对地方历史文化资源时代性特征的精辟解释。

因此，我们可以说，地方历史文化资源的时代性体现在任何历史研究者、历史文本书写者都身处于特定的历史时代，对于地方历史文化的认知和利用都与其所处的时代紧密相关，不同时代对同一地方历史文化资源的认知和利用都有其时

---

① 中共中央马克思恩格斯列宁斯大林著作编译局，编译．马克思恩格斯选集：第1卷［M］．北京：人民出版社，1995：585.

② 钱穆．中国历史研究法［M］．北京：九州出版社，2011：12.

代的特点。譬如对古器物的认识，北宋以来开始流行所谓"金石学"，人们仅把古器物当作收藏、玩赏的对象，未能以之作为有深入研究社会发展过程的重要资料，直到现代考古学的传入和扎根，国人对古器物的认知有了进一步的理论指导，旧器物得到新解释，因而才能更深入、系统地总结古代社会的发展面貌。

（五）知识性

地方历史文化资源具有丰富的知识内涵，几乎涵盖了以往的所有知识和智慧，在科研和教育等领域发挥重要的作用。如古建筑，其建筑的坐落方位、采用的材料结构、设计的采光通风给排水等方面蕴含了高深的建筑学知识；而建筑中的木雕石刻、彩绘贴花，从工艺到内容都具有丰富的艺术内涵；至于建筑的用途设计、人居关系等，还可以反映当地独特的风俗民情。再比如族谱文献，蕴含的信息量同样非常巨大，当中往往涉及谱主的宗脉世系、开基肇业、家训家风、人物贤达等内容，较为完备的族谱还有艺文志、大事记、族产族务等章节，我们通过阅读族谱，就可以了解一地宗族血亲中丰厚的地方历史文化。

三、推广、传承地方历史文化的作用和意义

推广、传承地方历史文化是每一位中华儿女的文化责任，对弘扬中华优秀传统文化、增强文化认同和文化自信具有重要的社会意义。

（一）地方历史文化是传统文化的重要组成

地方历史文化与传统文化有着互为彼此的关系，传统文化蕴含在地方历史文化之中，决定了一地地方历史文化的基本特征和发展方向，而地方历史文化则承载了传统文化的核心精神，是传统文化的具体表现。以山西和徽州为例，二者经过学者长期深入研究，分别发展出所谓的"晋学"和"徽学"，前者最初以先秦三晋地区的史学、经学以及诸子思想学术为研究内容，后来逐步扩展为要研究山西地区历史文化和社会变迁的综合学问；后者初期主要指对朱子理学的研究，后来逐渐扩展为对大量徽州典籍，包括徽人著述、府志县志、谱牒档案等的研究，两门学问各具地域特色，展现了当地深厚的历史文化。即便如此，二者的学术基础与核心内容依然离不开传统文化，晋学研究的一个重要意义，是展示山西作为

历史上沟通中原和北方草原文化的一条天然通道，在民族大融合中的巨大作用；而徽学研究也展示了中原文化的漫衍和嬗变，被称为"中国传统文化的化石和活标本"。[①]可见，由悠远的历史和文化交织形成的地方历史文化是传统文化的重要组成，我们应予以珍视、保护和弘扬。

（二）地方历史文化参与当代文化建构

地方历史文化经过不断发展，不断阐释，积累刷新演变至今日，已成为当代文化的构成要素。史学家钱穆尝言："（文化）乃是指的一个大群体的人生，乃是我们的共同人生。……但此共同人生，则必经长时间变化酝酿而来。"[②]这也就是说，当代的文化是由过往的文化经过长时间的积淀酝酿而产生。我们的当代文化是传统和现代、本土与外来各种文化激烈交汇碰撞而产生的。近年来，随着经济全球化趋势，大量的外来文化思潮涌入，社会经济发展，人们的生活方式发生了不同程度的改变。在这样的背景下，地方历史文化的重要性更显突出，其蕴含了本土的基因、渗入了民族自强不息的动机，从文献资料和学术殿堂中走出，亦参与到当代文化的建构中，丰富了当代文化的内涵和外延。

（三）地方历史文化是地方发展的重要资源

地方历史文化作为地方特色社会资源，具有可开发、可利用的属性，特别是在经济发展、涵养文化、构筑社会文明等方面发挥深刻影响，产生巨大的作用。以经济发展为例，通过挖掘地方历史文化，可以提升区域旅游产业的文化元素，把隐形的文化资源变成显性的文化产品，促进文旅融合，开发沉浸式、体验式消费等新经济业态，推进文化与旅游相辅相成，共生共赢。除此之外，自旅游业辐射至服务业、房地产、文艺娱乐等行业，都能从地方历史文化中发掘资源，转化为社会效益和经济效益。

[①] 陈育宁.地方学中的传统文化［C］//鄂尔多斯：论地方学建设与发展——中国地方学建设与发展研讨会论文，2013：20.

[②] 钱穆.中国文化精神［M］.北京：九州出版社，2011：2.

第二节　图书馆与地方历史文化阅读推广

一、图书馆开展地方历史文化阅读推广的意义

（一）履行《公共图书馆法》的相关规定

2017年11月4日,《公共图书馆法》在全国人民代表大会常务委员会上通过,自2018年1月1日施行。自此,图书馆事业的发展有了明确的专属法律保障。其中,第二十四条明确规定:"公共图书馆应当根据办馆宗旨和服务对象的需求,广泛收集文献信息;政府设立的公共图书馆还应当系统收集地方文献信息,保存和传承地方文化。"① 可见公共图书馆开展地方历史文化阅读推广是履行国家法律层面的相关规定。这是新时代公共图书馆必须承担的历史使命,需要引起图书馆人的重视,让地方历史文化能更好地在公共图书馆得到保存和传承。

（二）发挥文献中心与文化空间作用

著名图书馆学家阮冈纳赞提出的图书馆"五定律",其中包括:"为读者找书,为书找读者。"② 图书馆自其诞生起就扮演了文献资源保藏和提供的角色,这也是图书馆的原始属性。就发挥文献保障、传承文献遗产的功能而言,还没有其他社会机构可以取代图书馆。浩如烟海的馆藏,既包括传统的纸质文献,也包含多媒体文献、数字文献,通过地方历史文化阅读推广,可以促进图书馆地方文献资源建设与服务。

与此同时,图书馆也为地方历史文化的推广提供良好的平台。图书馆具有平等性、公益性、开放性、人文性等文化特质,这是其作为公共文化空间的价值,吸引着读者前来享受文化服务。而地方历史文化无疑对读者有一定的吸引力,图书馆通过发挥公共文化空间的平台作用,做好地方历史文化的研究和推广工作,能更好地满足社会大众的精神文化需求。

---

① 中国图书馆学会.中华人民共和国公共图书馆法［EB/OL］.［2019–08–11］.中国图书馆学会网.
　http://www.lsc.org.cn/contents/1382/9839.html.
② 阮冈纳赞.图书馆学五定律［M］.夏云,等,译.北京:书目文献出版社,1998:172–270.

（三）承担保存人类"记忆"与文化传承使命

图书馆，特别是公共图书馆的主要功能是传承和保护人类的文化知识，向公众提供共享的公共文化资源，保证全体公民的文化权益，推动社会文明程度的不断提高。对于图书馆的公众"记忆"和文化传承使命，图书馆学家们早有阐释，皮尔斯·巴特勒（Lee Pierce Butler，1884—1953）认为："书籍是保存人类记忆的一种社会机制，而图书馆则是将这种记忆移植到活着的个人意识中的一种社会装置。"[①]我国近代图书馆事业奠基人之一的杜定友指出："图书馆的功能，就是代社会上一切人记忆一切的，实际上就是社会上一切人的公共脑子。一个人不能完全地记着一切，而图书馆可记忆并解答一切。"[②]国家图书馆"中国记忆"项目组的全根先先生曾总结图书馆的功能："古往今来，图书馆名称虽然不一，其规模、状态、命运更是各不相同，然而作为公共文化机构，图书馆记录历史、传承文明的基本功能始终未变。"[③]从以上专家学者的论述，我们可以认识到图书馆开展地方历史文化阅读推广是肩负人类文明"记忆"和实践文化传承使命的应有之举。

（四）构建特色馆藏和打造服务品牌

全国各地地方文化各有特色，图书馆依托当地地方历史文化，构建特色馆藏资源体系，组织阅读推广活动，通过长期持续的培育和耕耘，打造和培育服务品牌，能使图书馆整体认知度、美誉度逐渐提升，同时也有效提高各馆的竞争力和核心价值，避免"千馆一面"。例如提到西北文献的收藏和使用，则不得不提到甘肃省图书馆。该馆发轫于1916年清末维新背景创建的甘肃省公立图书馆，自建馆以来，逐步建立了学科结构全面、文献类型多样、区域优势明显、重点学科突出，在全国图书馆界独具特色的西北地方文献资源与服务体系。截至目前，西北地方文献收藏已逾12万余册，年服务量逐年递增，使该馆逐步成为研究西北史地、民族宗教以及敦煌学、丝路学的重要文献中心。[④]

---

① 皮尔斯·巴特勒.图书馆学导论［M］.谢欢，译.北京：中国海洋出版社，2018：1.
② 杜定友.研究图书馆学之心得［J］.国立中山大学图书馆周刊，1928（1）：1–6.
③ 全根先.图书馆与口述史学：渊源、现状和存在问题［J］.图书馆理论与实践，2019（1）：30.
④ 刘瑛，张丽玲.甘肃省图书馆西北地方文献述略［M］.兰州：敦煌文艺出版社，2010（11）：27.

二、图书馆开展地方历史文化阅读推广的必要认识

（一）地方历史文化不可复制

我国地域辽阔，南北差异以及沿海与内陆差异较为明显，各地历史文化和社会发展情况也各不相同。以民居文化这一项来举例，北京的胡同、上海的里弄、广州的西关大屋、苗寨的吊脚楼、陕北的窑洞、草原的蒙古包，等等，均具有不同的特色；又如各地的戏曲民歌，或雄浑大气，或婉转婉约，呈现出地方独具一格的特色；又如从人口组成来看，外来人口较多的移民城市往往较为包容和开放，以本土文化为主流的非移民城市则更具有乡土气息。这提示我们开展地方历史文化阅读推广要因地制宜。地方历史文化阅读推广需从本区域的文化、经济等条件出发，结合特色历史文化资源，有针对性地开展活动，不宜照搬其他地方的经验和模式。

（二）地方历史文化就在我们身边

地方历史文化与人们的衣食住行息息相关，是"生活化"的文化。如各类民俗习惯、方言用语、非遗技艺等，往往存在于人们的日用行为中，通过不断地实践和改进，日臻完善。因此，地方历史文化阅读推广除了举办常规的活动外，可更多地采用"体验式"和"走出去"形式，丰富活动内容、增强阅读推广成效。如开展由文化学者导览古村落的文化走读体验之旅、还原风俗节庆场景的特色表演、剪纸面塑等非遗技艺制作教学、传统美食制作与品尝等，通过特色阅读推广活动，将地方历史文化活态再现、活态传承，更能增进读者的参与兴趣，以活动促推广，以推广促传承。

（三）地方历史文化是流动交融的

在传统文化的包容性和多元性影响下，不同区域的地方历史文化往往相互影响，你中有我，我中有你，致使相邻地域的民俗、历史一般具有相互交织的共性。由此可知，我们开展地方历史文化阅读推广时不应把目光局限于一隅，应从全局的角度来考虑问题，重视区域间的文化互动和交流。以中国香港和中国澳门为例，现今的中国香港和深圳在中国历史上同属于宝安县（明万历元年后为新安县），两地居民同根同源，血脉宗源、语言风俗完全一致。中国澳门与珠海、中山原同

属香山县，情况也与中国香港和深圳的关系相类似，虽然中国澳门、中国香港两地被西方列强侵占，但其地方历史文化的脉络未曾割裂，直至今天，在深圳的沙头角、莲塘等与中国香港接壤的两地村落仍然保持的共同祭祖习俗。有鉴于此，2019年世界读书日期间，深圳图书馆与港澳联动，共同举办"粤港澳共读半小时"活动，用具有仪式感的共读活动诠释"让阅读成为一种习惯"，以阅读推广活动助力涵养粤港澳大湾区市民同宗同源的文化底蕴，增强港澳同胞的认同感和凝聚力。可见，充分认识到地方历史文化的流动性，能有助于打开工作思路，发现更多合作可能性。

三、当前图书馆开展地方历史文化阅读推广的几个切入点

近年来，在国家引导和提倡下，地方历史文化的保护和传承工作得到了前所未有的重视，并且通过若干切入点展开实践。我们在开展地方历史文化阅读推广时，应选取适当的抓手，紧贴时代脉搏，这将有助于合理运用资源，扩大地方历史文化阅读推广的影响力和辐射面，起到事半功倍的效果。

（一）文旅结合

具有丰富文化内涵的旅游才是具有生命力的旅游，具有旅游价值的文化才能够充分提升文化的时代价值。2009年，文化部、国家旅游局共同发布《关于促进文化与旅游结合发展的指导意见》，当中提出："文化是旅游的灵魂，旅游是文化的重要载体。加强文化和旅游的深度结合，有助于推进文化体制改革，加快文化产业发展。"[1]随后国家文化与旅游部的正式挂牌成立，文化与旅游的深度融合成为炙手可热的课题。

新时代的国家政策为图书馆参与文旅结合发展创造了良好的体制环境，促进我国文旅融合新业态的迅速发展，用文化发展旅游，用旅游传播文化，推动文化和旅游融合发展迈上新台阶。如上海嘉定区图书馆受区委宣传部委托推出了一条集历史名胜、人文景观、非物质文化遗产等于一体的特色文化旅游路线，该路线充分参考了各类地方文献资料，将区域旅游注入地方历史文化元素，取得良好的

---

[1] 文化部 国家旅游局关于促进文化与旅游结合发展的指导意见［EB/OL］.［2020–07–06］.中国政府网.http：//www.gov.cn/zwgk/2009–09/15/content_1418269.htm.

反响。①图书馆开展地方历史文化阅读推广，具有天然的文旅结合优势，值得我们加以重视。

（二）名人乡贤

地方名人是非常重要的地方历史文化资源，各地已经建立了许多名人图书馆或在图书馆内设有名人专藏（室），通过整理反映当地名人的文献和文物，关注当地名人的故居、行迹、掌故等遗存，组织相关地方历史文化阅读推广，彰显地域文化特色，拓展名人资源，扩大地方历史文化影响力。如创办于1918年的集美图书馆，以保存其创办者陈嘉庚先生的文献为己任，打造陈嘉庚文献中心，建立起一套较为成熟的收集、整理、研究的工作与服务体系。②又如1996年12月26日，在毛泽东的故乡湖南韶山建立了"韶山毛泽东图书馆"，收藏毛泽东著作中外文版本1000多种近3000册。③黑龙江省图书馆内设萧红文学馆，以收藏和展示民国才女萧红作品及相关文艺评论等文献资料、题字、书画、照片、遗物及一切与萧红相关的展品为主。自2016年开馆以来，萧红文学院接待了大量团体和社会人士，定期举办萧红经典作品读书会、纪念萧红朗诵比赛等阅读推广活动。④

乡贤文化，即县级基层地区研究本地历代名流时贤的德行贡献，用于弘文励教、建构和谐社会的文化理念和教化策略。⑤在扎实实施乡村振兴战略的大背景下，乡贤文化为地方历史文化的挖掘、传承及重拾文化自觉提供了重要的文化动力。有学者总结道："乡贤文化植根于农村，承载着上千年乡土文化的基因，以人为纽带渗透进大众生活的方方面面，而本区域的人自然会对本地的文化产生亲近感和文化认同感。利用历代乡贤所形成的文化推广阅读，更贴近群众的阅读心理需求，能够激发群众的阅读兴趣。"⑥这说明了弘扬乡贤文化对地方历史文化阅读

---

① 顾美雯.文旅融合背景下公共图书馆地方文献挖掘研究——以上海市嘉定区图书馆为例［J］.图书馆理论与实践，2020（05）：41-45.

② 陈俊林.区级公共图书馆名人地方文献建设——以集美图书馆嘉庚文献建设为例［J］.内蒙古科技与经济，2013（01）：123-126.

③ 殷皓洁.中国"名人图书馆"的发展概况［J］.图书馆建设，1999（06）：3-5.

④ 王文娟.文旅融合视域下地方文献阅读品牌建设研究——以"龙江文脉"品牌为例［J］.图书馆研究与工作，2019（12）：57-60.

⑤ 王泉根.中国乡贤文化研究的当代形态与上虞经验［J］.中国文化研究，2011（4）：165-172.

⑥ 杨晓农，史丽婷.话语权视角下传统文化在阅读推广中的作用与意义——以乡贤文化为例［J］.图书馆，2018（01）：65-69.

推广的深入开展有重要的作用和意义。

（三）家谱文化

家谱又称族谱、宗谱、家乘、谱牒、家牒、世谱、房谱、支谱等，是同宗共祖的血亲集团以特殊形式记载本族世系和事迹的历史图谱。湖南图书馆副馆长雷树德认为："国有史，省府州县有志，家有谱，其名不同，其实一也。"他把家谱与官修正史、地方志并列为地方史的三大资料来源。[①] 可见，家谱是一种重要的地方历史文献。

家谱内容极为丰富，具有较高的学术价值，同时，"盛世修谱"为中国历来的文化传统，修谱过程与当地的社会、经济、文化等情况密切相关，是人类学、历史学、经济学、社会学、伦理学等学科的重要研究材料。国内收藏家谱原件最多的机构为上海图书馆，其针对族谱开展的阅读推广取得良好的社会反响，并发展为海内外知名的家谱文献中心，组织编撰有《中国家谱总目》。[②]

（四）非遗文化

我国是一个非物质文化遗产大国，图书馆通过非遗开展地方历史文化推广有以下几个原因：首先，这是国家法律层面的要求。在《非物质文化遗产法》第三十五条明确规定："图书馆作为公共文化机构应根据业务范围开展非物质文化遗产的整理、研究、学术交流和非物质文化遗产代表性项目的宣传、展示。"其次，非遗具有地方历史文化价值。非物质文化遗产是中华传统文化的载体和结晶，是传承民族文化、增强民族感情的重要文化基础，具有传承华夏文明、维护文化多样性等重要功能。最后，图书馆开展非遗相关的地方历史文化阅读推广符合人民群众的文化期望。非遗具有广泛的群众基础，并已融入当地人民的日常生活之中，非遗中包含的各种技艺、表演、表现形式、知识体系，乃至传承人背后鲜活的人物故事和曲折的传承脉络都让人叹为观止。因此，图书馆应当重视非遗文化的展示和推广。

---

① 雷树德.为了家的记忆——湖南图书馆家谱文献收集、研究、保存与服务概略［J］.数字与缩微影像，2018（03）：5–8.
② 王鹤鸣.《中国家谱总目》的编纂［J］.国家图书馆学刊，2008（01）：35–39+45.

第三节　地方历史文化的发掘与研究

地方历史文化作为传统文化的一部分，共同遵循前面章节所述的传统文化阅读推广一般流程和方法，在此不再赘述，同时，地方历史文化的阅读推广也具有自身独有的特点。以下我们针对地方历史文化阅读推广的素材资料收集、研究方法介绍、资源建设要点等分步进行解析。

一、地方历史文化资料的收集与发掘

（一）常规采购

地方文献是图书馆进行地方历史文化资料收集的重点，一方面，图书馆要发挥传统的文献资源优势，加大常规采购力度，通过出版社、书商等渠道，对于正式出版的地方文献全面覆盖，应收尽收；建立与二手书商、民间藏家、拍卖机构等的采购渠道，对于珍贵文献给予重点关注，能收尽收。如上海图书馆早在1997年初就实现了第一次资料文献的竞拍，成为国内图书馆界获取文献的"第一拍"，在2004年又相应制定了详细的《文献竞拍管理暂行条例》《上海图书馆拍卖工作流程图》《上海图书馆上海科技情报研究所竞买建议书》，确定了《历史文献拍品选择的操作办法》，成为采购方式的有效延展。[①]

（二）非常规征集

图书馆收集地方历史文化资料，除了常规收集外，还有很多非常规的采集方式，广东省立中山图书馆副馆长倪俊明就曾系统总结了十余种非常规征集的手段，包括：展览征集、项目征集、协作征集、合作建库、读者互动征集、馆际交换征集、依托传媒征集、即时征集、复制采集、专题选辑、网上征集、隐性文献征集等。他还指出，图书馆可以展览、比赛、工作项目等为契机，借助媒体、网络等社会力量开展地方历史文化资料的收集等。[②]

以深圳图书馆举例，2009年就曾举办"岁月的回忆——深圳图书馆'深圳

---

① 陈颖. 试谈建国以来公共图书馆文献资源建设工作的变迁和发展——以上海图书馆为例［J］. 新世纪图书馆，2013（03）：40–43.

② 倪俊明. 地方文献非常规采集述论［J］. 图书馆论坛，2008，28（06）：218–224.

老照片'"公开征集活动；2014 年与当地主流媒体共同发布"深圳写作人作品典藏计划"，定向收集地方人物著作；2015 年联合全市共 11 家公共图书馆向社会发布"深圳记忆"——深圳特藏文献征集行动倡议书；2018 年开展"我与深圳——说出你的故事"语音文献征集活动，发布两个月就征集到 300 人次、381 件普通人深圳故事音频作品，等等。通过以上非常规的采集方式，近年采集到包含作者签名本、名学者手稿、族谱等文献在内的地方文献 2000 余种，是一笔珍贵的特别收获。

（三）田野调查主动记录

著名报人徐铸曾说过："历史是昨天的新闻，新闻是明天的历史。"不记录现状，就无法保存历史。因此，除了采购征集外，图书馆员不应偏安一隅，还要主动"走出去"进行实地考察，记录下地方的点点滴滴。这些材料经时间积累将会成为重要的地方历史文化素材。

记录的方法包括写作、摄影、绘画等，而记录的对象可以是现存的古建筑、民俗活动、民间戏曲、城市更新、重大事件、自然环境，等等。必须注意到，正是由于可以记录的对象涉及方方面面，而资源不可能无限投入，必须科学地策划记录的内容和对象。首先是抢救性的记录，即受主客观冲击最大、最有可能消失的那一部分对象。其次是专题性记录，针对若干特色的主题，长期坚持跟踪记录，形成专题性素材。主动记录针对的是地方历史文化素材中"客观遗存"和"物"的部分。

（四）口述访谈补充素材

除了依附在文献、实物上的地方历史文化素材外，还有存在于人类记忆中的口口相传的口述史料。在文字出现以前，口述是传承知识、推动文化的主要方式。1948 年，哥伦比亚大学巴特勒图书馆创建口述历史研究室，标志着现代口述历史的兴起，此后国内外逐步开展各种口述历史项目。地方的民俗、技艺、医学等内容相当部分依赖师徒传授或家族传承，口口相传就成为非常重要的文化传续手段。在录音、录像技术和设备早已成熟和普及的今天，组织口述采访的门槛已大大降低，也逐渐为世人所接受。

在地方历史文化资料的收集过程中，口述资料是重要的素材来源，它是对实体史料的有效补充，甚至自成体系，因此越来越受到图书馆界的重视，并陆续开展针对不同人物的口述历史采访，如国家图书馆的"中国记忆"口述项目、湖南图书馆的"湖南红色记忆"口述项目、汕头大学图书馆的"汕头埠老街"口述项目、中国女性图书馆的"妇女口述历史"项目等。口述素材针对的是地方历史文化中"主观记忆"和"人"的部分。

二、地方历史文化研究

把握地方历史文化脉络，开展地方历史文化阅读推广，不应停留在简单地归集和抄录文献资料的表述或结论，图书馆开展地方历史文化阅读推广的过程更应该是一个发现、阐述、研究、总结的过程。图书馆馆员本着对地方历史文化的虔诚敬畏之心和对地方历史文化的归属感、认同感，以严谨的学术态度和谦虚的探知精神，开展深层次的地方历史文化发现之旅。

（一）地方历史文化研究的一般原则

1. 坚持真实与客观

西方著名思想家罗素（Bertrand Russell）在《论历史》一文中指出："历史学是有其价值的，首先因为它是真实的；尽管不是它价值的全部，却是所有它的其他价值的基础和条件。"[①]可知，真实与客观是历史的第一价值，中国近代著名史学家、思想家梁启超先生在《中国历史研究法补编》也有类似的论述："必定要先有真事实，才能说到意义，有意义才能说到价值，有意义及有价值才可说到活动（资鉴）。"[②]

要坚持真实与客观，历史研究必须通过档案、资料、事实、当事人证词等各种人证、物证来说话，因为史料是"求是"的前提，事实是真理的依据，只有掌握翔实准确的第一手历史材料，说话才最有说服力。更有甚者，部分苛刻的史学家绝不信任非亲身获取的史料，认为过去的历史著作都是不可靠的，这样的观点固然有陷入历史虚无主义之嫌，但也提醒我们，弄清历史事实的唯一途径就是穷本溯源，研究历史目击者如何记载事实。这就要求我们在开展地方历史文化的研

---

① 罗素. 论历史［M］. 何兆武，肖巍，张文杰，译. 北京：生活·读书·新知三联书店，1991：2.
② 梁启超. 中国历史研究法［M］. 北京：东方出版社，1996：156.

究时，尽量掌握第一手材料。

2. 重视考证与考据

在进行地方历史文化的研究过程中，往往会发现不同的文献资料表述中存在着细节叙述、观点角度等方面的差异。如何去伪存真，得到较接近真实的地方历史文化信息？这就需要我们进行考证和考据。

有学者这样解释"考证"和"考据"："考据之学或考证之学，其所谓'证'、所谓'据'，一般是指文献证据。'考'的意思是考核、考察。因此考据学从字面意义上说，是考核文献证据。考据学作为一种独立的学术形态，它的确立首先需要有一定的文献条件。"①近代知名学者王国维在《国史新证》中提出文献典籍记载与地下文物考古相互印证，即所谓二重证据法。国学大师陈寅恪把它归纳为：地下文物与文献记载；本国古籍与异族记载；外来理论与原有材料等的相互印证。后来又有饶宗颐等学者的丰富补充，加入口述史料、人类学、古文字等维度的相互印证，成为三重证据法。图书馆开展地方历史文化研究，由于天然缺乏文物考古方面的支撑，更需重视传世文献、出土文献、口头传统或口述史、礼俗仪轨、文物及图像、异邦文献等材料的综合互证。

3. 博采众说与成一家之言

和大多数历史研究一样，地方历史文化的研究也常常陷入分歧争议，而图书馆并非专职文物鉴定和历史研究的单位，仅在资料文献所能触及的范围内进行研究考据，对于史学界、文化界尚未定论的问题，宜通过自身研究判断选取最为可信或被学界广泛认可的说法。对于没有形成主流的历史文化观点，也不应随意地掩盖抹杀，而是搜集尽量多的说法出处，为后来者提供最翔实丰富的资料，这也是图书馆对地方历史文化研究的基本立场。以深圳地名历史为例，关于"观澜"这一地名的来由，历来有数种说法，一说有位名士在此"观望波澜"而得名；另一说根据当地位处深莞之交，两地官府对利益的争夺使百姓受难，因命名为"官难"；还有一说认为该地名由"杆栏"这一方言谐声演化而来。由于原始文献的缺失，民间流传说法不一。比较主流的观点是接受"名士命名"说，据此，深圳图书馆在对相关资料进行整理研究时，采用了主流的说法，同时也保留了其余两

---

① 姜广辉.乾嘉考据学成因诸问题再探讨［J］.哲学研究，2008（11）：52–61.

种观点的来源和证据。

（二）地方历史文化研究的方法策略

1. 文献中找寻草蛇灰线

图书馆对文献天然的亲近，使得对文献的探寻成为深层次挖掘地方历史文化的重要途径。我们所接触到的文献浩如烟海，同时又因年代久远而散佚不明。这就需要利用现有的文献资源，在文献中重新发现挖掘地方历史文化信息。以深圳现存的嘉庆《新安县志》为例，在《舆地略》卷中列有当时数百个村庄的名字，同时还区分了县衙管属和县丞管属、本地村庄和客籍村庄。很多村名今已不存，但从简单的一个名字背后，却能挖掘出十分丰富的历史文化信息。如当时行政区属概况、村庄分布的地理特点、原住民与移民间的交融和冲突等，可见，每一份文献资料都是重要的线索，需要我们珍视和细心解读。

2. 培养专业人才

图书馆开展地方历史文化工作，除了与原有图书馆系统中的地方文献高度相关之外，也偏向对地方历史文化的深入探究。因此，培养适用于图书馆地方历史文化研究的专门人才十分必要。这方面的人才除具备图书馆阅读推广基础素养外，还需涉猎广泛的历史文化知识，对文献、文学、图像有着高度的敏感；既要善于发现历史文化的资源，还要掌握基本的摄影、摄像、采访、图像编辑、平面设计等能力。

目前，国内各级图书馆的信息和专题资源部门已越来越关注地方历史文化阅读推广人才的训练和培养，业已形成具有一定经验积淀、能出成效、有所作为的专业人才团队，如国家图书馆中国记忆中心、首都图书馆"北京记忆"项目组等，值得同行学习。

3. 多学科兼容并用

地方历史文化研究除了图书馆学的基础知识外，还需运用多学科的专业知识。以下列举相关的学科：

文献学，以文献和文献发展规律为研究对象的一门科学。研究内容包括：文献的特点、功能、类型、生产和分布、发展规律、文献整理方法及文献与文献学发展历史、治学的基础、资料的源头、深入研究的门径等。它可以根据学科领域划分为历史文献学、古典文献学等。我国文献学泰斗张舜徽指出："对那些保存下来了的和已经发现了的图书资料（包括甲骨、金石、竹简、帛书）进行整理编纂、注释工作。使杂乱的资料条理化、系统化；古奥的文字通俗化、明朗化。并且进一步去粗取精，去伪存真，条别源流，甄论得失，替研究工作提供方便，节省时间，在研究整理历史文献方面作出有益的贡献，这是文献学的基本要求和任务。"①

历史学是研究社会历史现象和过程并揭示其内在规律的科学。②李大钊先生在《史学要论》中这样解释历史学："史学非就一般事物而为历史的考察者，乃专就人事而研究其生成变化者。史学有一定的对象。对象为何？即整个的人类生活，即是社会的变革，即是不断的变革中的人类生活及为其产物的文化。换一句话说，历史学就是研究社会的变革的学问，即是研究在不断的变革中的人生及其产物的文化的学问。"③

考古学是研究如何寻找和获取古代人类社会的实物遗存，以及如何依据这些遗存来研究人类历史的一门学科，它可以理解为通过实物，研究人类历史的科学。④在很多学者看来，考古学是为历史学提供证据或增补历史事实。考古学与狭义历史学共同构成广义的历史学。更进一步而言，考古学主要有三种含义：（1）指考古研究所得的历史知识，有时候还可以引申为记述这种知识的书籍；（2）借以获得这种知识的考古方法和技术，包括搜集和保存资料、审定和考证资料、编排和整理资料的方法和技术；（3）指理论性的研究和解释，用以阐明包含在各种考古资料中的因果关系，论证存在于古代社会历史发展过程中的规律。⑤

人类学是对所有时空范围内的人类所进行的研究。人类学有四大分支："文化人类学、语言人类学、考古人类学和体质人类学。""人类学有时候会被称为是科学里面最人文的和人文科学里面最科学的学科。……人类学家收集了关于人类

---

① 张舜徽.中国文献学［M］.郑州：中州书画出版社，1982：4.

② 庞卓恒，主编.史学概论［M］.北京：高等教育出版社，1995：2–6.

③ 李大钊.史学要论［M］.北京：北京出版社，2016：15.

④ 夏鼐.什么是考古学［J］.考古，1984（1）：931.

⑤ 夏鼐.中国大百科全书·考古学［M］.北京，上海：中国大百科全书出版社，1986：191.

失败和成功、软弱和伟大的大量信息——这些都是真正意义上的人文的东西。"①

地方历史文化主要运用的是文化人类学的理论和研究方法。北京大学信息管理系王子舟教授在《田野调查：人类学方法在图书馆学中的应用》一文中详细介绍了田野调查这一人类学专门方法在图书馆的应用，指出图书馆学借鉴人类学田野调查方法有助于深化对研究对象的认识，丰富自身的方法论内容，提升图书馆学跨学科研究能力。②

民俗学是概括、总结社会的物质和文化现象，研究民俗的产生、演变和发展的规律的学科。民俗学家陶立璠先生认为："民俗学是研究人们在日常物质生活和精神生活中，通过语言和行为传承的各种民俗事象的学问。"③当中还特别用"学问"而不是"科学"的表述，正说明学术和概念上还存在尚未厘清的争议。民俗学是在人类学、民族学、社会学、历史学之后产生的，从研究对象和研究方法上都曾借助以上学科，并取得独立的地位，它与文化人类学、民族学、社会学等学科交叉渗透。

4. 加强社会合作

地方历史文化涉及的学科广泛，内容艰深，容易产生兴趣却难以深入探究。这就需要借助专家学人的力量。如历史学，一位从事历史文献工作的图书馆员，要与高校教授从理论水平、科学素养、学术视角等方面深入切磋，多少有点勉为其难。一位从事摄影摄像的图书馆员，对图像声音的采集处理也难以与广电系统的专业记者相提并论。

专家学者能运用过硬的学术能力为地方历史文化提供理论和方法论的支撑；资深专业技术从业人员能提供专业的操作和最有效的实施方案；地方历史文化的重要亲历者、见证者、讲述者能提供确切生动且富有价值的信息和线索……所以，图书馆在从事地方历史文化阅读推广时，应借助专家及其他社会力量，通过聘请顾问、邀约讲座展览，乃至与历史文博专业机构展开深入合作等方式，可以更好

① 威廉·A.哈维兰，等.人类学：人类的挑战（第 14 版）[M].周云水，等，译.北京：电子工业出版社，2018：3-15.

② 王子舟.田野调查：人类学方法在图书馆学中的应用 [J].中国图书馆学报，2014，40（06）：12-21.

③ 陶立璠.民俗学 [M].北京：学苑出版社，2003：8.

地发挥图书馆综合文化枢纽的作用。

如深圳图书馆开展的"深圳传统手工艺"寻访就与深圳市非物质文化遗产保护中心和深圳商报深入合作。非遗保护中心提供非遗保护专家资源和采访对象遴选，媒体派出资深文化记者跟踪采访，大版面深入报道，三方互补合作、共同挖掘地方手工艺的匠人匠心。

三、地方历史文化资源的成果转化

地方历史文化研究的素材很多时候是散落无序的文献资料，需要经过悉心整理研究，克服各方面的困难，采取相应的方法策略进行加工转化，方能形成可利用的地方历史文化资源，成为特色馆藏资源。

（一）珍视和保存地方历史文化素材

地方历史文化素材是开展地方历史文化发掘、研究与推广的基础。针对不同载体形态的地方历史文化素材，我们还应采取不同的保存方式。有别于图书馆的大众馆藏，地方历史文化素材采集难度大、稀缺且难以替代，所以应予以重视，提供良好的保存条件，还应考虑其珍稀程度和保存情况，采用闭架等方式适度为读者提供服务。有数字化条件的文献，需尽快进行全文数字化，方便二次开发使用。若品相脆弱，数字化加工会加重其损坏的，需以安全为第一考虑，尽量保持现状，待技术条件允许再行加工。总之，地方历史文化素材是十分珍贵的文献馆藏，在历史悠久的图书馆，积累的地方历史文化素材往往凝聚了几代图书馆人的心血，视为"珍宝"一点也不为过。

（二）地方历史文化素材向馆藏资源的转化

地方历史文化素材从资源到成果的转化主要通过整理、揭示、研究、分析阐释、重组、提炼过程的完成，使蕴含在地方历史文化资源中的经济价值和文化价值得以整理、表现和可利用。地方历史文化素材经加工成为馆藏，按加工程度由基础到深入，可分为编目、建档、存储、数字化、内容揭示、研究、衍生运用等。地方历史文化资源转化的成果形式，包括地方文献入藏、文创产品、音视频作品、数据库、网页、书目、索引、论文、出版物、媒体宣传等。

一般来说，素材经编目建档后即成为可检索、可查找、可利用的馆藏。但是，除具有明显地方历史文化特征的文献外，更多的地方历史文化素材，其文献信息往往零散隐匿在大量的文献资料之中。如何准确地揭示和标引，是一大难点。对用户而言，他们的需求通常不是单一独立的某一种文献，而是某地域、某民系、某时期、某事件、某人物的综合信息组合。例如，有读者查询招商局的资料，既包括晚清洋务运动时期的内容，同时也包含改革开放初期蛇口开发的资料，其时间跨度大，内容涉及广。这就要求图书馆工作人员对文献的加工不能停留在编目的层次，而是需要对素材进行深入的梳理研究，形成二次文献。

对于地方历史文化素材的加工，就是让许多原本分散的资料得到精心整理和集合，用以反映新情况，解决新问题，使文献资源产生新价值。同时，除个体原始文献外，馆藏资源也可转化成各类综述、大事记、编年表、沿革表、图集、展览稿、口述文档等。至此，我们可以说，地方文化素材完成了向馆藏资源的转化，并可以运用到阅读推广之中。

（三）图书馆进行地方历史文化资源成果转化的难点

1. 学术定位不明晰

目前，图书馆地方历史文化阅读推广与地方文献工作的关系，以及地方历史文化与图书馆学、文献学等学科之间的关系仍存有一定争议，未形成统一明确的认识，制约了相关学术理论研究的深入。一个研究方向能成为一个独立学科，或称之为"显学"，必须具有清晰的学科研究内容、研究方法、研究成果，并已经形成相对系统的人才培养模式，有大师、学者，有科研机构，有专业学生，有代表作，有教科书，地方历史文化阅读推广在学术层面上仍处于亟待厘清学术定位的状况。

2. 各方诉求难以调和

地方历史文化的成果转化难点之一，在于如何准确客观地揭示历史文化内涵，给予相应价值判断，进而加以挖掘和利用。如对某一古建筑的认识，古建专家从规制、材料、装饰风格入手，民俗学家以宗族生活习俗为切入点，而业主可能更关心修缮和活化方面的成果，旅游和商业开发等方面又会有不同的需求和标准，各方参与者难以达成一致的目标和有序的运行机制，从而制约了地方历史文化成果的高效转化。

3. 民众重视不足

在很多人看来，地方历史文化转化应该是文物考古、历史研究等专业人士的事。大众对地方历史文化的认知的不足、片面化使其更容易被忽视，很多珍贵的地方历史文化素材和资料因此而流失，对地方历史文化资源的转化面临较大的困难。以深圳为例，作为一座移民城市，人们对深圳的了解往往更倾向其改革开放的经济建设成就，而对古代深圳 7000 年的人类活动史、1600 余年的郡县史、600 年的军屯海防史、300 年的客家移民史、百余年的反帝反封建斗争史知之甚少，普通民众因不了解而得出深圳原来是个"小渔村"的片面认识，在地方历史文化资源转化中偏向现代改革开放的光辉历程，忽视了古代深圳广府、客家原住民在民俗、历史等方面的成果挖掘。

第四节　图书馆地方历史文化阅读推广案例介绍

近年来，图书馆界对地方历史文化的重视与日俱增，自国家图书馆至各省市馆都致力于地方历史文化的推广，各类"记忆""寻访"等项目和工作逐步展开，并取得了丰硕的成果，积累了丰富的工作经验，下面挑选各级图书馆中具有代表性的业界实践案例进行介绍。

一、国家图书馆："中国记忆"

"中国记忆"项目是国家图书馆以中国现当代重大事件、重要人物、传统文化遗产为专题，以传统文献体系为依托，系统性、抢救性地进行口述史料、影像资料等新类型文献建设，并最终形成特色专题资源体系的文献建设和服务项目，是国家总书库的重要组成部分，该项目的成果通过借阅和网站发布为广大读者提供服务，并以"中国记忆"丛书、展览、讲座、纪录片等形式进行展示与传播，全方位地服务社会。

项目工作目标为：建立资源收藏体系；建立服务与推广体系；编纂《国家记

忆名录》。自 2012 年开始，"中国记忆"项目已开展"东北抗日联军""大漆髹饰""蚕丝织绣""我们的文字""我们的英雄""当代重要学者""图书馆界重要人物"等 24 个专题的文献资源建设，共采集或收集超过 2600 小时的口述史料（视音频）、影像资料和大量照片、非正式出版物等相关文献。截至 2018 年初，"中国记忆"项目已举办"年画的记忆""大漆的记忆""丝绸的记忆""我们的文字""不朽的抗联"5 场专题展览，发布"中国当代音乐家""中国年画"等 6 个在线专题，出版《丝绸的记忆》《大漆髹饰传承人口述史》《我们的文字》《我的抗联岁月——东北抗日联军战士口述史》《风雨平生——冯其庸口述自传》等 8 种出版物。

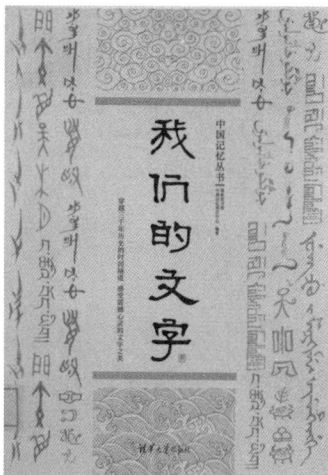

图 5-1　2014 年，《我们的文字》一书全球首发。该书由国家图书馆中国记忆项目中心编写，清华大学出版社编辑出版

图 5-2　中国记忆·大漆髹饰专题网站页面

二、首都图书馆："北京记忆"

"北京记忆"隶属于首都图书馆，是以近百年馆藏为依托的北京历史文化资源性网站，也是集信息资源和咨询服务为一体的文化性网站。

首都图书馆在"数字北京"大背景下创建了新的文化服务品牌，通过适用的技术手段保护北京文献遗产，使这些文献遗产能够为公众所利用，并在全世界范围提高人们对地方文化遗产，特别是那些具有世界意义的地方文献的认识；面向世界宣传北京悠久灿烂的文化，通过具象的乡土教育，达成深刻的爱国主义教育效果。

2003 年初，首都图书馆"北京记忆"历史文化多媒体资源数据库的建设正式启动，2007 年 4 月向公众开通服务，2017 年全新改版上线，打破原有内容格局，以更加开放融合的视角面对和服务用户群体，包括"北京文献""索引资源""特色专题""口述历史""非遗传承"等栏目，数字化资源容量达 5TB。

2014 年，推出北京地方政务公报百年数据库，史料内容自 1914 年开始，时间上跨越百年，可在线查看检索。"旧京戏报"包括旧京老戏单 747 幅，可进行演出场所、演员、剧目、演出日期检索。"乡土课堂"邀请专家学者主讲北京文史讲座，在网站上实时更新。与北京城市管理广播电台合作推出"茶余饭后话北京"，目前举办讲座已达 1000 余场。

图 5-3 "北京记忆"网站页面

三、湖南图书馆：天下湖南网

天下湖南网是湖南图书馆主办的湖湘文化网站。网站以"荟萃人文经典，传承湖湘文化"为宗旨，依托于湖南图书馆丰富的馆藏文献资源，汇集了大量的湖南地方特色资源，聚集了大批研究湖湘文化的用户，是湖南特色数字资源的集中展示平台。

网站开设有"家谱族谱""氏族源流""湖湘名流""故事湖南""湖南风物""地方文献""湘人著述""湖南学术""国民口述历史""网上展厅"等特色文化栏目。同时提供湖南图书馆自建的"湖南地方戏剧资源库""湖南近代人物资源库""湖南非物质文化遗产资源库""湖南红色记忆资源库""湖南古村镇古名居资源库"等海量湖南特色数字资源的检索和使用。

网站还根据湖湘文化中有影响力的人和事件，策划了"湖南书院与文庙""蔡和森120周年""湖南历代女性作家摭略""黄埔军校湖南人"等一系列专题。举办"湖湘文化沙龙""寻找城市记忆"等活动，弘扬文化，交流思想。

为方便民众交流，天下湖南网还设立了"天下湖南论坛"，论坛以文化为主导，旁涉其他，立足湖南，放眼世界。

图 5-4　天下湖南网网站页面

四、广东省立中山图书馆、中山大学图书馆、广州图书馆等：《广州大典》

《广州大典》是由中共广州市委宣传部、广东省文化厅策划并组织研究编纂，旨在系统搜集、整理和抢救保护广州文献典籍、传播广州历史文化的大型地方文献丛书。

广州是拥有2200多年建城史的历史文化名城，大量珍贵的地方文献翔实，反映了广州历史的变迁和发展。由于年代久远，经蠹鱼蛀蚀，自然风化，兵燹摧残，古籍老化破损严重，再生性保护刻不容缓。为及时抢救和保护现有的珍贵历史文献资源，中共广州市委宣传部、广东省文化厅于2005年牵头组织开展《广州大典》的编纂出版工作。时任文化部副部长周和平给予了高度评价："由地方政府出巨资，地方文化部门主持编纂的大型文献丛书，在全国尚属首创。《广州大典》树立了一个良好的榜样，值得倡导。"《广州大典》被列为广州市"十一五""十二五"时期的重点文化工程，2007年被全国古籍整理出版规划领导小组评定为支持项目。2013年，已出版的《广州大典·丛部》荣获首届南粤出版奖。该丛书的编纂历经十年坚守，于2015年4月完成出版工作。

《广州大典》规模宏大，收录广泛，按经、史、子、集、丛五部分类，其中丛部酌收兼赅四部之丛书，专科性丛书俱入所属部类。《广州大典》收录4064种文献，编成520册。其中，《经部》收录文献375种，分为56册；《史部》收录文献1178种，分为197册；《子部》收录文献747种，分为62册；《集部》收录文献832种，分为103册；《丛部》收录文献932种，分为102册。《广州大典》收录底本来自国内55家、国外14家藏书单位以及6位私人藏书家，其中，广东省立中山图书馆2791种，中山大学图书馆352种。珍本善本等稀见文献众多，收有稿抄本462种，清乾隆以前刻本357种。

《广州大典》的编撰，是地方文献整理重印的盛事，掀起了广州文献整理研究的风潮，实现了地方历史文化通过文献典籍的再生性利用，践行了"汇寰宇万卷玉简，展广府沧桑文华"的目标。[①]

---

① 倪俊明，等.汇寰宇万卷玉简 展广府沧桑文华［N］.中国社会科学报，2018–10–09（005）.

五、深圳图书馆："深圳记忆"

深圳作为改革开放的先锋，其城市历史只有短短数十年，而在此之前，其前身的宝安县、新安县与中国香港地区同根同源，具有悠久的历史和丰富的文化。

深圳图书馆是深圳地方文献中心，从建馆之初就致力于搜集、整理、收藏、展示深圳本地区文献、政府公开信息及相关资讯，建设地方文献专题数据库，现收藏地方文献 50000 余册，期刊 400 余种，报纸 200 余种（包括公开出版及内部资料）。对深圳地方历史文化脉络传承和发扬是深圳图书馆地方文献建设的重要目标，旨为深圳人留存一份宝贵的城市发展记忆。2014 年，深圳图书馆正式启动"深圳记忆"项目，项目通过公开征集、采访拍摄纪录片、开展阅读推广活动、建设数据库等形式，开展系统性文献建设、研究与开发工作。

1. 文献征集与宣传

2013 年 4 月 23 日，创立深圳学派专区，致力于收集深圳学术文献，传承文化记忆。2014 年 4 月 23 日，深圳图书馆与《深圳晚报》联合推出"深圳写作人作品典藏计划"，进一步推进深圳学派文献征集工作。2015 年 10 月，联合深圳市、区各级图书馆发出《"深圳记忆"——深圳特藏文献征集倡议书》。通过公开征集，深圳图书馆近些年共征集和受赠文献 3500 余册（件），同时加强文献采购，新增采购入藏文献近 3000 种 8000 余册，五年间累计新增文献近 5000 种 11000 册（件），为深圳人留存宝贵的文献馆藏。

在文献研究和史料线索整理的基础上，循着"东客家，西广府"的文化脉络，前往实地探访，拍摄图片、视频，采访当地居民及亲历者、知情人，获得珍贵的第一手文献资源。足迹遍布深圳各区，探访地达 60 余处，采集图片、视频素材已达 975GB。其间，共拍摄制作古村专题片《福永凤凰古村》《沙井古村群落》2 集；2017 年和 2018 年连续两年在"深圳全国文化信息资源共享工程项目"成功申报立项，包括《深圳古墟寻踪》专题 3 集、《深圳传统手工艺》微视频 15 集。

另外，"深圳记忆"与深圳地方媒体深入合作，在《深圳商报·文化广场》、读创 App 开设"深圳记忆"专栏，通过文化记者的深入采访和跟随报道，将

"深圳记忆"建设成果及时呈现在市民面前，专栏至2019年共刊发20期，累计35000字。

2. 阅读推广活动

2015年和2018年读书月期间，深圳图书馆分别举办了两期"'深圳记忆'——深圳地方文献建设成果展览"，集中呈现近年深圳地方文献工作成果。举办三届共五场"深圳记忆"文化之旅活动，分别走访了福永凤凰古村、沙井古村落、光明玉律社区和观澜古墟，通过专业馆员的讲解和原住民的讲述，带领逾200名读者一同走进古村落，刷新对深圳的认识，近距离感受深圳历史文化的魅力。2019年暑期，举办"深圳记忆·传统手工艺"展览，共有展板60幅，展出图片155张，文稿约15000字，15集微视频，图书、原材料、工具、作品等实物展品100余件。展览展出的精美手工艺品让人目不暇接，背后鲜活的人物和曲折的传承脉络更让人叹为观止，在开幕式上还将手工艺传承人邀请到现场展示，邀请读者参与制作体验，取得了良好的效果。2020年9月，为庆祝深圳经济特区建立四十周年，举办"从文献看深圳——深圳经济特区建立四十周年地方文献展"，通过文献视角追寻深圳城市发展脉络，展现深圳历史文化风貌和特区四十年伟大历程与成就。这个展览还引入转盘抽奖、留言表白、VR看展、预约与定时导赏服务、培训志愿者讲解员等配套举措，讲述一个五湖四海文化与记忆相互激荡、碰撞、融合、创新和发展的"深圳故事"，吸引众多市民前往观展。

3. 数据库建设

2015年该馆启动"深圳记忆"专题数据库建设工作，基本建成"深圳学派库""深圳文献库""深圳文化库"三个子库的建设，数据包含书目文献、村落古建、视音频、活动等类型。"深圳记忆"专题数据库于深圳图书馆官网发布并持续进行数据更新和维护，为"深圳记忆"项目提供资源整理、加工、存储、发布的数字化平台。

"铢积寸累，汇聚万千书藏；刮摩淬励，寻访草蛇灰线；仰取俯拾，记录古建民俗；梳史钩沉，呈现多元出品"，深圳图书馆"深圳记忆"项目延行深度挖掘、快速呈现、多元化成果的建设路径，不断提升项目建设水平与品牌影响力。

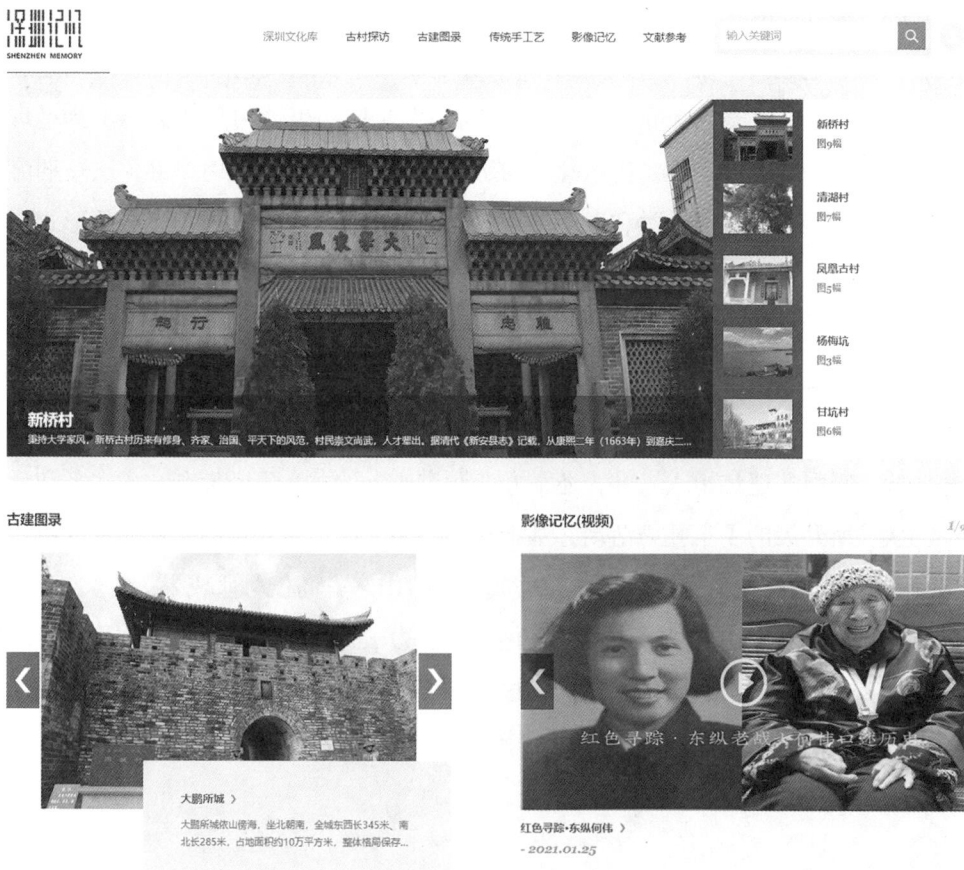

图 5-5 深圳记忆数据库网站页面

六、青岛城市记忆文化中心

2014 年，山东省文化厅提出"图书馆＋书院"的新型公共文化服务模式，推进传统文化的传承和发展。青岛图书馆响应号召，成立了青岛城市记忆文化中心，深入挖掘传统文化资源，梳理历史脉络，展示城市文化，让青岛地方历史文化得以更好地传承和升华。

该项目由青岛图书馆和青岛大学非物质文化遗产研究中心、青岛大学城市品牌文化研究所合作开展。中心目前已与青岛市国学会、青岛大学等十余家单位建立战略合作关系，开展地方历史文化的推广传承工作。青岛城市记忆文化中心主要开展三个方面的工作：

一是"老物件"集中全面展示。中心建成两个固定民艺展厅，总面积超过300平方米，展出展品3500余件。用不同历史时期的生活用品和劳动工具呈现社会经济生活的方方面面，揭示蕴含的历史、掌故、内涵。同时举办多次短期流动展览和微展览，按照品类和生活场景、以实物小场景结合现代声光电的形式展示各个时期的青岛人文记忆。

二是非遗传承"匠人工坊"。通过与专业非遗团队合作，采用教、学、研结合，深入挖掘胶东半岛民艺的优秀历史文化资源。开展各种体验活动，主要对剪纸、纺纱织布、木版年画、活字印刷、鲁班锁等十余种极具胶东半岛特色的手工艺体验，吸引非遗传承人入驻，还举办专题讲座、沙龙，不断提升学术水平和活动档次。所开展的手工扎染活动，基本每周举办一次，并获得国家社科基金项目"中国传统印染文化研究"资助，相关成果获得山东省高校科研成果一等奖。

三是文创开发。青岛城市记忆文化中心致力于开发具有地方历史文化特色的"原生态"文创产品。基于对地方历史文化的挖掘和研究，采用传统的山东织锦图案，开发出手机壳、围巾、抱枕等特色文化产品。[①]

---

① 宋菲.青岛城市记忆文化中心——利用传统文化建设城市记忆［M］//肖维平，陈坚.国际"城市记忆"与地方文献学术研讨会论文集.北京：学苑出版社，2018：106-112.

第六讲

港澳台地区及海外图书馆的传统文化阅读推广

传统文化因地而异，不同国家／地区的传统文化各有千秋，相应的传统文化阅读推广活动也各不相同。本讲将介绍港澳台地区及海外图书馆的传统文化阅读推广活动案例以及成功经验，可为我国传统文化阅读推广提供参考和借鉴。

第一节　港澳台地区图书馆传统文化阅读推广介绍

一、台湾图书馆中华古籍文化阅读推广概况

古籍凝结了古人传统知识和思想精华，作为守护和传承中国传统文化的主要载体之一，古籍起到了不可替代的重要作用。图书馆是收藏古籍的主要机构，在做好古籍保护与保存工作的同时，如何让民众了解古籍，进而感悟中华传统文化的深厚底蕴，正是当前图书馆阅读推广的新热点。

台湾图书馆古籍馆藏资源丰富，截至 2018 年底，共有善本古籍 26 万余册、年画 2202 幅、古文书 2360 种（2375 件）、拓片 1 万余幅。这些古籍兼具历史与文化价值，从侧面也可反映出中华民族数千年文明史的丰硕成果。作为一个代表性的公共图书馆，台湾图书馆依托本馆丰富的古籍资源，通过多种渠道、形式和

载体向公众传播阅读理念、开展阅读指导、提升市民阅读兴趣和阅读能力。①其古籍阅读推广工作主要从以下三方面展开：

（一）古籍数字化

为方便民众获取古籍资源，打破时空限制，台湾图书馆一直致力于古籍的数字化工作，通过数字化手段再现珍贵特藏，以供读者利用。除自建"古籍与特藏文献资源"数据库外，还设置了"特藏线上展览馆"，于2018年推出了"出版的黎明——明代前期古籍特展""天之道：道教与地方宗教主题文献展"等线上展览。其中，为配合"出版的黎明——明代前期古籍特展"，还制作了《教乘法数》等12种古籍的FLASH电子书，为读者阅览提供便捷，助力推广传统文化的数字阅读。

（二）古籍讲座

古籍的"爱读"要从"会读"开始，因此对古籍等传统文化阅读的推广要从推介开始。台湾图书馆近些年来邀请了相关研究领域的专家学者，先后举办了"阅读古人生活美学""千古风流人物苏东坡""唐宋八大家""杜甫梦李白""抒情与写意：古典戏曲里的爱恋与盟约""格物穷理——古代经典中的科学与医学"等讲座活动，由浅入深，引起大众对古籍的兴趣，达到对古籍的科普与推广。以"阅读古人生活美学"为例，这是该馆"古籍数位资源创意教育推广计划"的活动项目之一。对于普通大众而言，古籍大多晦涩难懂，针对古籍阅读兴趣的培养也因客观上存在的高准入门槛带来了更多挑战。台湾图书馆从贴近大众的生活着手，通过专家学者的讲座与影像相结合，分别介绍古人的物质生活、身体健康与居家情趣的营造，传达古代文人生活的雅致与知识性，进而推介该馆相关主题古籍。

（三）古籍展览

台湾图书馆面对不同人群，推出的展览内容因人而异，侧重也有所不同。例如与学校、民间剧团合作展览讲演，使古籍阅读走进大众，将阅读中心下沉到基层。又如，推出古籍主题视听展，借由不同媒介展出馆藏，触及更多元、更广泛的阅读视角。再如，举办跨区域的古籍文献展，内容涉及美学、音乐、书法、茶道、旅游等门类，展示了古代中国文化对当今社会的深刻影响，同时宣扬传统文

---

① 胡文亮，曹曦.台湾图书馆特藏资源与运作模式研究［J］.山东图书馆学刊，2019（03）：65-70+74.

化的源远流长。

二、香港公共图书馆未成年人传统文化阅读推广概况

未成年人处在身心发展的关键阶段，其世界观、人生观、价值观的塑造需要有正确的引导。面向未成年人的阅读推广一直是公共图书馆阅读推广的重要阵地，其中传统文化阅读推广的主要任务之一就是宣传推广对未成年人成长具有启迪意义的中国传统文化经典，激发未成年人阅读中国传统文化经典的兴趣，调动其阅读积极性，启迪他们树立正确的世界观、人生观和价值观。[①]

自 2002 年起，香港各公共图书馆在每年的暑假期间都会举办为期一个月的"阅读缤纷月"活动。为配合香港特别行政区成立二十周年，香港中央图书馆于 2017 年推出了以"中华文化逍遥游"为主题的"阅读缤纷月"活动，精选文化项目，以互动又生动的方式为未成年人群体开启趣味之门，在欢笑中进入中国传统文化的多彩世界。

图 6-1　2017 年香港中央图书馆"中华文化逍遥游"活动现场（香港公共图书馆提供）

香港中央图书馆以"中华文化逍遥游"为主题的"阅读缤纷月"工作主要从以下六个方面展开：

（一）专题展览

香港中央图书馆设置了以"中华文化逍遥游"为主题的专题展览，分为"中

---

① 郭文玲.我国图书馆传统文化阅读推广研究现状与分析［J］.图书情报工作，2019，63（16）：121–131.

华文字大家庭"和"中国非物质文化遗产"两部分。其中，"中华文字大家庭"展介绍了毛笔、墨砚、楹联与匾额、甲骨文与各种文字以及敬惜字纸的习俗，让小朋友认识汉字蕴含的丰富文化历史。"中国非物质文化遗产"展则介绍了风筝与制作、剪纸与刻纸、织染与印染以及纸艺，通过有趣的展品让小朋友认识祖先留下的文化珍宝。

图6-2　2017年香港中央图书馆"中华文化逍遥游"剪纸活动（香港公共图书馆提供）

（二）文艺表演

围绕中华文化主题，香港中央图书馆还推出了文艺表演，节目包括舞蹈、管乐演奏会、现代戏剧、粤剧、戏偶剧场、变脸和杂技、舞狮和武术表演等，通过形式丰富的文艺表演宣扬多彩多样的中华优秀传统文化。

（三）亲子演绎成语比赛

香港中央图书馆设立了"成语知多少"亲子演绎比赛，为小朋友提供了发挥创意的机会，鼓励小朋友与家长一起以讲故事或排演戏剧的方式，演绎与成语有关的故事，通过分享阅读乐趣，让小朋友认识成语的出处和意义。

（四）工作坊

香港中央图书馆在"阅读缤纷月"期间开办了"亲子绘画工作坊：中华荟萃""中国航海发明工作坊""中国绳结工作坊""趣味纸艺工作坊""创意汉字彩绘工作坊""兔子扎作工作坊"以及"亲子黏土工作坊"，从不同手工技艺着手，鼓励小朋友借创作认识传统文化，兼备趣味性与教育性。

（五）故事时间

"阅读缤纷月"期间，香港中央图书馆在其数间分馆举办了多场"故事工作坊：筷乐老友记"及"讲故事学语言"活动。"故事工作坊：筷乐老友记"由老年人向小朋友分享有关筷子的绘本故事，借故事传承中国文化。"讲故事学语言"则分别以广东话和普通话，通过讲故事和互动的亲子游戏，带领小朋友进入阅读世界，享受轻松学习语言的乐趣。

（六）亲子阅读

香港中央图书馆还安排了"中华文化探索""中国传统与民间故事"书籍展览及阅读约章计划，鼓励家长陪同小朋友一起在暑假享受阅读的乐趣。同时在展览馆内设有阅读角，家长可与小朋友阅读有关传统文化的书籍，鼓励小朋友在暑假善用图书馆资源培养阅读兴趣。

三、澳门图书馆传统文化阅读推广概况

作为中西文化的交汇之地，中华文化在澳门得到传承和发展，多元文化特色得以保持，得益于多元文化的交融，2019 年 2 月公布的《粤港澳大湾区发展规划纲要》明确将"打造以中华文化为主流、多元文化共存的交流合作基地"作为澳门的发展定位之一。澳门图书馆界长期以来亦注重推进中国优秀传统文化的传承与发展，在近两年的"澳门图书馆周"中，日益注重传统文化的阅读推广活动。"澳门图书馆周"是由澳门特区文化局公共图书馆、澳门特区教育暨青年局、澳门大学图书馆及澳门图书馆暨信息管理协会联合举办的品牌活动，设立于 2002 年，在每年 4 月以不同主题开展一系列阅读推广活动，以达到响应"世界读书日"，提倡阅读的目的。

2018 年"澳门图书馆周"的主题是"阅读拉近彼此距离"，在"亲子阅读工作坊"系列中设置了"昔日童趣知多少"为主题的亲子阅读推广活动。活动通过介绍和制作昔日的玩具，让家长带领小朋友了解每样玩具背后的故事。民间玩具和游戏是中国传统文化的组成部分，传统的民间玩具均由手工制作，它们与民俗关系密切，体现了民众的信仰、习俗、戏曲、传说、民间文学等内容，是传承历史的载体之一。该活动可让传统文化用更易于小朋友接受的方式传承。

图 6-3　2018 澳门图书馆周　昔日童趣知多少（澳门文化局公共图书馆提供）

2019 年"澳门图书馆周"的主题是"阅读生活的味道"。澳门饮食文化兼容并蓄，融合了东西方的饮食文化，具有鲜明的澳门特色。结合"阅读生活的味道"主题，"澳门图书馆周"推出了"百味寻踪"街区导览和"品尝澳门饮食中的历史与文化"专题讲座。"百味寻踪"从味觉、嗅觉出发，带领参加者认识昔日传统行业或特色，如酱油店、神香店、咸鱼干货店等，并结合历史城区进行现场讲解和导览，让参加者感受到作为世界文化遗产的澳门历史城区所蕴含的深厚文化底蕴。"品尝澳门饮食中的历史与文化"专题讲座则通过介绍澳门饮食是如何由传统的中式饮食发展到融合了葡国菜的澳门特色土生菜，兼具东西方风味的澳门饮食同样展现了澳门文化的多元性和包容性。

图 6-4　2019 澳门图书馆周　百味寻踪（澳门文化局公共图书馆提供）

2019 年"澳门图书馆周"还推出了石头纸镇工作坊、水墨画工作坊、香包手作坊、压花饰物手作坊等工作坊活动，邀请多位艺术家对多项中国传统艺术进行介绍，带领小朋友领略丰富多彩的中国传统文化，激发孩子们的民族认同感和自豪感。

图 6-5　2019 澳门图书馆周 水墨画工作坊（澳门文化局公共图书馆提供）

图 6-6　2019 澳门图书馆周　香包手作坊（澳门文化局公共图书馆提供）

此外，为提高未成年人的文化遗产保护意识，澳门公共图书馆还推出了"中国文化和自然遗产日"系列活动，其中包括"纸张及造纸技术"专题讲座，邀请艺术家何佳兴、吴耿祯介绍剪纸艺术，邀请文物修复师蔡舜任介绍艺术品及彩绘类文物的修复工作等。

第二节 德国图书馆传统文化阅读推广介绍

巴伐利亚州立图书馆是德国三大图书馆之一，与柏林国立图书馆、德意志图书馆共同组成了德国的国家图书馆体系，一起扮演着德国国家图书馆的角色。该馆位于德国慕尼黑，创建于 1558 年，原为奥尔伯伦特五世（Herzog Albrecht V，1528—1579）收购奥地利宰相与东方学者魏特曼斯泰德（Johann Albrecht Widmannstetter，1506—1557）的全部文献收藏基础上开设的一家皇家图书馆。1919 年正式更名为巴伐利亚州立图书馆，尽管二战期间馆藏因战火损失了近 50 万册的文献资料，但经过重建之后，该馆是目前德语领域规模最大、最全面的学术和科学文献收藏机构。[①]巴伐利亚州立图书馆目前拥有近千万册文献，馆藏以人文科学文献为主。受德国科学研究协会委托，重点收藏有关考古学、古代和近代拉丁语言学、拜占廷学、巴尔干各国的语言和文化、德语国家史、法国和意大利历史、音乐史等方面的文献。古籍方面，该馆约有 10 万件珍贵手稿以及 1 万种摇篮本，对德国乃至欧洲的文化史研究具有重大价值。正是由于其历史悠久和丰富的馆藏，使得保存和保护德国文化遗产、推广德国传统文化成为巴伐利亚州立图书馆的使命与职责。

巴伐利亚州立图书馆所藏珍贵文献是德国重要的文化遗产，凝聚了德国传统文化的结晶。对于拥有众多珍本古籍的巴伐利亚州立图书馆来说，在决定使用何种技术手段能让更多人获取珍贵文献以彰显并弘扬传统文化的同时，亦需将珍贵文献的保存与保护纳入考量。毋庸置疑，传统文化建立在文献基础之上，而新技术也带来了传统文化阅读推广的更多可能性。面对数字化技术的兴起与数字人文浪潮的来袭，巴伐利亚州立图书馆选择的是拥抱新技术，迎接新浪潮。

一、珍贵馆藏数字化，方便用户获取

为使珍贵馆藏能被更多人利用，巴伐利亚州立图书馆很早便启动了珍贵馆藏的数字化工作。1997 年，在德国科学基金会的资助下，该馆设立了慕尼黑数字

---

① 巴伐利亚州立图书馆.巴伐利亚州立图书馆馆藏介绍［EB/OL］.［2020–07–22］.巴伐利亚州立图书馆网.https：//www.bsb–muenchen.de/sammlungen/bestandsueberblick/bestandsbeschreibung.

中心。慕尼黑数字中心拥有 3D 扫描技术和机器人扫描技术，可实现对各种介质以及规格的载体进行专业的高清数字化处理。巴伐利亚州立图书馆的大多数馆藏都已数字化，可供用户免费使用，其中不乏中世纪印本、手稿等。除了建立珍本古籍数据库以方便用户获取与利用外，该馆还推出了三维虚拟阅览室，将珍贵古籍制作成可以 3D 方式观看的版本，用户仿佛身临其境，可领略文艺复兴时期的贵族生活与图书艺术。

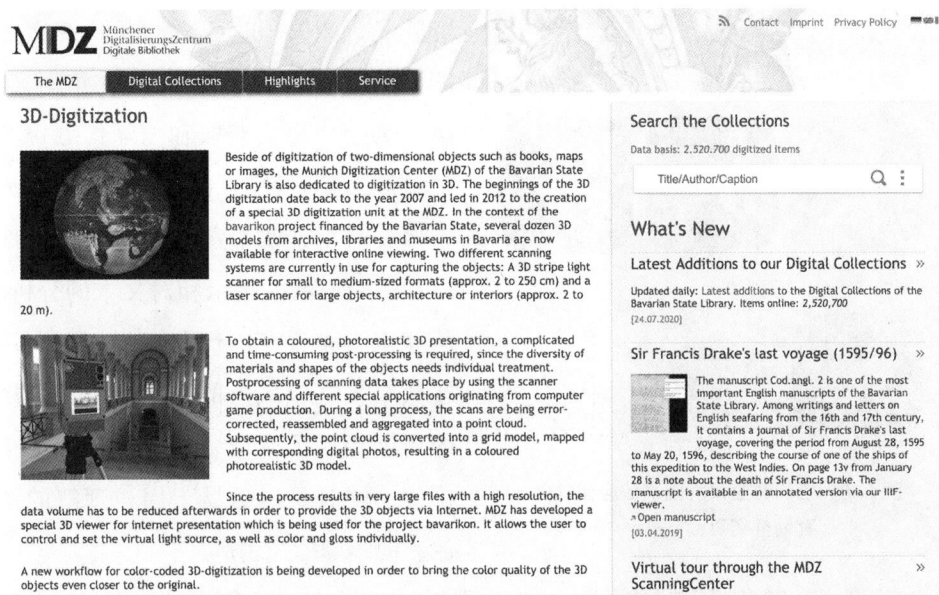

图 6-7　巴伐利亚州立图书馆 3D 数字化技术官网介绍页面

　　尽管慕尼黑数字化中心已成为德国的创新数字化技术中心和领先的传统纸质资源的大规模数字化研究机构。但由于珍本古籍馆藏数量庞大，巴伐利亚州立图书馆馆藏的数字化工作也在积极与其他机构合作。2007 年，该馆与谷歌公司签订了一份广受关注的多年合作协议。在这项协议框架中，谷歌将对巴伐利亚州立图书馆 17 世纪至 19 世纪版权自由的馆藏进行扫描，包括超过 100 万册的图书和期刊合订本。这项合作的关键好处是，谷歌承担所有的数字化费用。作为回报，谷歌将保留一份"谷歌数字备份"，整合到其图书检索及网页检索系统中，巴伐利亚州立图书馆则获得一份"图书馆数字化备份"，整合到各项网络服务中。① 对

① 黄群庆.德国巴伐利亚州立图书馆的数字化珍藏［J］.公共图书馆，2010（02）：66–69.

这些珍本古籍的数字化，不仅有利于原纸质文献的长期保存，而且更重要的意义在于可以促进凝聚了德国传统文化的文献在世界范围内得到更广泛的传播。

二、探索数字人文，挖掘馆藏传统文化价值

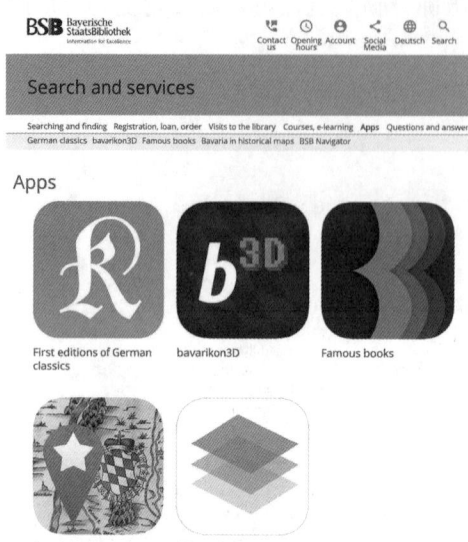

图 6-8　巴伐利亚州立图书馆应用软件官网介绍页面

毫无疑问，数字化技术降低了用户获取珍本古籍的难度，打破了时间与空间的局限，但这仅仅只是传统文化阅读推广的第一步。对于图书馆而言，虽然为用户提供获取和访问馆藏资源的便利对阅读推广十分必要，但更为重要并且更能彰显图书馆专业性的地方在于对文献的揭示和对文本的分析。从这点上来说，巴伐利亚州立图书馆在数字人文领域上的探索从更深层次的角度挖掘了其珍贵馆藏的传统文化价值，同时是以更易于用户理解的图像、视频等形式表达。

为迎合移动互联网时代的用户使用习惯，巴伐利亚州立图书馆制作了 5 个应用软件，其中 4 个应用软件与传统文化阅读推广有关，可见该馆对传统文化的重视程度。

以"历史地图中的巴伐利亚"（Bavaria in historical maps）App 为例，巴伐利亚州立图书馆汇集了 257 张已经被数字化的、时间范围从 16 世纪到 19 世纪的地图图纸，并从中分析挖掘了巴伐利亚城市所有景点、艺术古迹的历史地理信息，形成了超过 2500 个兴趣点。用户在使用"历史地图中的巴伐利亚"App 时，可获得当前所在位置附近的修道院、城堡等详细历史地理信息，包括图片、文字介绍，等等。除此之外，该 App 还十分注重用户体验和交互发现，用户可在各种制图作品之间无缝导航和查看，还提供了有关巴伐利亚城市和帝国城堡的各种多媒体信息。

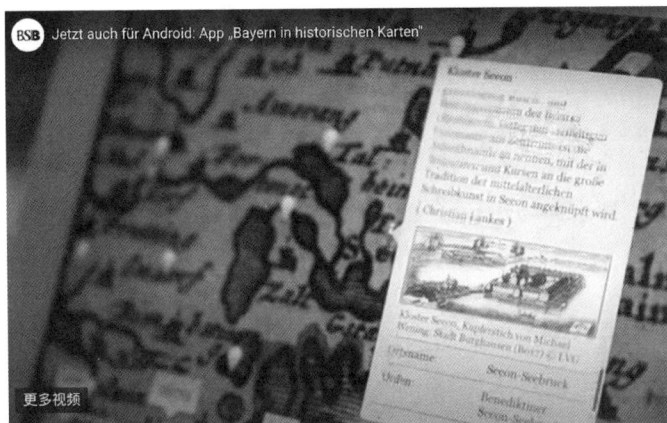

图 6-9 巴伐利亚州立图书馆"历史地图中的巴伐利亚"App 视频介绍截图

第三节　俄罗斯图书馆传统文化阅读推广介绍

相较于绘画、音乐、雕塑、舞蹈、建筑、电影、戏剧等艺术门类，文学处于俄罗斯文化艺术领域的中心。正如俄罗斯科学院院士康达科夫指出，文学中心主义是俄罗斯文化的特质，文学几近成为俄罗斯文化的"代言"。[①]经典文学成为俄罗斯传统文化的重要标签，普希金（Aleksandr S. Pushkin，1799—1837）、果戈里（Nikolai V. Gogol–Yanovski，1809—1852）、屠格涅夫（Ivan S. Turgenev，1818—1883）等文学巨匠的经典作品，促进了俄罗斯传统文化在世界范围内的传播。因此，俄罗斯图书馆传统文化阅读推广主要从俄罗斯文学着手。2015 年，俄罗斯举办了"俄罗斯联邦文学年"活动，活动以积极弘扬俄罗斯文学经典为核心内容，推动国民重燃对俄罗斯文学的热情，弘扬经典作品所孕育的俄罗斯民族精神与传统文化。

以"经典文学阅读"为切入点，俄罗斯联邦新闻出版与大众传媒署[②]为"俄罗

---

① 王加兴. 俄罗斯文化中的文学中心主义——听康达科夫教授一席谈.［N］. 中国社会科学报，2016–06–27（007）.

② 俄罗斯联邦新闻出版与大众传媒署是俄罗斯新闻业和出版业的国家主管部门，主要负责制定大众传媒、新闻出版政策，管理大众传媒机构的经营许可证等，也是俄罗斯负责国民阅读推广的主要政府部门。

斯联邦文学年"确定了活动方案，活动方案包括 13 个方面、121 个类别的内容以及若干项活动。"阅读马拉松"和"创建文学地图"便是其中两项主要阅读推广活动。

一、组织"阅读马拉松"

"阅读马拉松"定位于通过文学阅读促进彼此交流，它是在全球范围内展开的在线诵读俄罗斯经典文学作品的比赛活动。"阅读马拉松"的创意者是托尔斯泰（Lev N. Tolstoy，1828—1910）的曾孙女费珂娜·托斯塔亚，她指出"将文化遗产与新媒体技术结合是非常重要的，在线直播这种马拉松式的阅读体验，有助于向年轻人推广经典文学"。[①]"俄罗斯联邦文学年"组委会对这一活动形式十分认可，该活动由全俄国家电视广播公司承办。活动的主要流程为：读者在官网报名，确定最终读者，电视广播直播拍摄马拉松接力朗读过程，上传视频至官网和社交网络 VK 的公众账号，公众在线跟读和讨论。组委会于 2015 年 10 月 7 日在其官网上发布"阅读马拉松"活动的新闻和该活动官方网站链接（http：//voinaimir.com），活动集中在 12 月 8—11 日举行，成功入选的读者每人分配 2—3 分钟的段落，并在各地地标建筑内接力完成朗读《战争与和平》。"阅读马拉松"吸引了来自全球 84 个国家和俄罗斯 85 个行政主体的 2500 万名选手报名参加[②]，最终来自俄罗斯及国外 30 多个城市的 1300 名读者成功入选，阅读地点包括俄罗斯许多著名的地标建筑，更有宇航员在俄罗斯国际空间站参与阅读。"阅读马拉松"活动结束后，所有 1300 名参与者的朗读视频被上传至官网和 VK 公众号，活动在 VK 公众号吸引到 7 万余网友关注，视频点击率高达 11 万余次。[③]

"俄罗斯联邦文学年"组委会选择《战争与和平》作为阅读接力的书目，这部鸿篇巨著是享誉世界的一部俄罗斯文学作品，可以以阅读为纽带向世界传播俄

---

① 樊伟，李桂华，姜晓，余雪琦.全媒体环境下的阅读推广活动典范——俄罗斯"阅读马拉松"活动个案分析［J］.国家图书馆学刊，2017，26（06）：43–49.

② 樊伟，姜晓，杨云舒，淳姣，胡靖，张又雄."2015 俄罗斯联邦文学年"的调查及启示——基于阅读推广的品牌运作理论［J］.图书馆建设，2016（05）：56–60+65.

③ 樊伟，李桂华，姜晓，余雪琦.全媒体环境下的阅读推广活动典范——俄罗斯"阅读马拉松"活动个案分析［J］.国家图书馆学刊，2017，26（06）：43–49.

罗斯文化。另一方面，阅读地点所在的地标建筑同样蕴含了深厚的俄罗斯文化意蕴，既增强了阅读的仪式感，又在优雅的环境里弘扬了俄罗斯文化。此外，"阅读马拉松"的承办方全俄国家电视广播公司重视对活动的宣传，全方位运用了网络、手机、数字电视等新媒体，与时俱进地革新了参与和互动方式。该活动借助新媒体不仅增强了读者的经典阅读兴趣，同时促成读者亲身完成经典阅读行为，实体阅读社区和线上阅读社区叠加形成强大的阅读场域，让经典阅读的活力重新被激活。

二、创建文学地图

创建区域文学地图，最终建成一个统一的俄罗斯联邦文学互动地图，是"俄罗斯联邦文学年"活动的重要内容之一。车里雅宾斯克州区域青年图书馆的实践是俄罗斯图书馆在这一方面进行探索的典范。

车里雅宾斯克州区域青年图书馆对"乌拉尔参与1812年的卫国战争"这段历史进行了内容开发，开发的创意源于在车里雅宾斯克州乌拉尔草原南部坐落有巴黎、莱比锡、柏林、瓦尔纳等与欧洲城市同名的村落。为什么它们出现在车里雅宾斯克地区的地图上？拿破仑战争在"乌拉尔"留有怎样的踪迹呢？经对相关文学等资料的挖掘，发现原来是当时从俄帝国边界返回的正统哥萨克增援部队命名了这些定居点，采用特殊的命名方式旨在纪念俄国军队取得的胜利。该馆还发现了许多新的信息，希望与年轻人分享，他们采用了年轻读者所喜爱的漫画、动画、电脑游戏（"波罗底诺战役"电脑游戏）等方式进行二度创作，再经过区域媒体的报道，项目得到了较好的推广，不仅提高了图书馆在当地民众中的知晓度，也让更多人深入了解了那一段历史。[①]

创建区域文学地图、文学电子导游成为遍及全俄的活动，各地以文学地图形式展现其本土作家的著作及文化，推动了阅读，提高民众了解历史、文化、文学、文学史的兴趣。各区域文学地图最终形成了俄罗斯联邦文学互动地图，有利于加深对俄罗斯经典文学的诠释，塑造共同的价值观，进一步实现经典文学所包含的俄罗斯传统文化认同。

---

① 李红梅. 俄罗斯图书馆阅读促进的创新［J］. 图书馆论坛，2018，38（04）：119–125.

俄罗斯文化根植于文学，"俄罗斯联邦文学年"以经典文学作品作为传统文化阅读推广客体，对内来说有着坚实的群众基础，可以助力俄罗斯文化的传承；对外则可以凭借经典文学的广泛影响力，促进俄罗斯文化的再传播。

第四节　澳大利亚图书馆传统文化阅读推广介绍

土著文化作为澳大利亚文化遗产的重要组成部分，近年来越来越受到官方的重视，政府积极收集、传播并鼓励居民了解、学习、参与土著文化。每年澳大利亚政府都会联合图书馆、博物馆等文化机构举办"国家土著历史和文化周"，旨在弘扬土著文化，促进和谐社区建设。基于澳大利亚是移民国家，奉行多元文化的国情，澳大利亚图书馆在进行土著文化阅读推广时贯彻多元文化理念，在实践中做到了尊重不同文化族群的多元性。

一、制定多元文化服务政策

新南威尔士州立图书馆成立于 1826 年，是澳大利亚最大的图书馆之一，以记载澳大利亚发展历史的文献为特色，包括土著文化及欧洲人早期航海探险的记录。[1] 1995 年，澳大利亚新南威尔士州立图书馆与当地土著人签署了《土著和托雷斯海峡岛民关于图书馆、档案和信息服务的协议》，并在 2005 年和 2012 年对内容进行了重新审查和修订。该协议既规定了图书馆等信息机构对当地土著文化应该提供的服务，也明确了图书馆开展土著文化相关产品的征集、出版和管理的方法和职责，现在已经成为澳大利亚图书馆、档案馆以及其他信息服务机构保护、利用和发展土著文化的指导框架。[2] 一部分州立图书馆还颁布了本地图书馆服务体系的多元文化服务规范、发展规划等指导性政策文件，例如西澳大利亚州公共图书馆 2010—2011 年度的《和谐行动计划》在承认该州土著人与托雷斯海峡岛民地位的基础上，对该州多元文化信息服务做了规划。该计划试图保存并维护西澳大利亚

---

① 黄群庆.新南威尔士州公共图书馆的多元文化服务［J］.公共图书馆，2013（04）：81-83.

② 刘丽，张建中.图书馆少数民族特色文化资源建设及服务研究——基于澳大利亚新南威尔士州立图书馆土著文化建设的启示［J］.国家图书馆学刊，2017，26（06）：88-95.

的多元文化遗产，要求与原住民社区、国内原住民研究机构合作，逐步拓展涉及土著人与托雷斯海峡岛民的馆藏文献与服务活动。该计划还要求图书馆工作人员接受多元文化培训，以提高其文化意识，更好地提供与土著人、托雷斯海峡岛民相关的服务。《昆士兰公共图书馆标准指南·土著人与托雷斯海峡岛民服务标准（2008）》对涉及土著人与托雷斯海峡岛民的信息服务的方方面面都做了详细规定，细致到提出了对土著人文献可能带有的神秘性或令人反感的特色做出规定。①

　　同时，澳大利亚图书馆和信息协会要求澳大利亚各级公共图书馆执行统名为《超越优质服务，巩固社会结构：澳大利亚公共图书馆服务标准指南》的规范，其中第 16 条规范为"多元文化社区服务"规范。②该规范指出，公共图书馆的馆藏与活动应当适应文化与语言多样化的社区生活，多元文化图书馆服务必须在图书馆服务框架中占据恰当的位置。③

二、建设多元文化馆藏

　　鉴于澳大利亚原住民没有发展出自己的文字，澳大利亚国家图书馆的土著文献馆藏不以文字材料为主，而是聚焦于其文化与历史内涵，试图建立土著人口述史与图像资料典藏。澳大利亚国家图书馆并以此为基础编制了不少涉及上百种澳大利亚土著语言甚至土著方言的词典、词表，其中包括一定数量的交互式词典。州立图书馆方面，西澳大利亚是土著人较多的一个州，其公共图书馆馆藏建设的指导文件要求"积极收集所有有关本州土著民族的材料；促进对本州土著文献的关心、保护、收藏和利用；尽力以适当的形式将土著文献反馈给土著人"④。其收藏的范围包括原住民语言资料和用英语记录的原住民文献，而土著音乐、家族史和儿童文学是原住民语言资料收藏的重点。不管是澳大利亚国家图书馆还是各州图书馆，都建设了独具特色的土著文化馆藏，为当地土著进行文化传承和开展文

① 张涛 . 澳大利亚公共图书馆多元文化服务述略［J］. 山东图书馆学刊，2013（06）：14-23.

② ALIA-PLAC.Beyond a Quality Service：Strengthening the Social Fabric-Standards and Guidelines for Australian Public Libraries［M］.Deakin ACT：Australian Library and Information Association，2012：50.

③ 张涛 . 澳大利亚公共图书馆多元文化服务述略［J］. 山东图书馆学刊，2013（06）：14-23.

④ State Library of Western Australia. Developing Our Collections：A Collection Development Policy Framework［M］. Perth：State Library of Western Australia，2011：7.

化活动服务提供了文献基础。

澳大利亚国家图书馆约从 20 世纪 50 年代开始系统收藏亚洲文献，如今的国家图书馆主体馆藏中包括印度尼西亚、马来西亚、新加坡、文莱、菲律宾和越南等国语言的相关文献，有关亚洲内容的英语语言文献也包含在其中。州立图书馆方面，澳大利亚各州的多元文化馆藏水平并不统一。以非英语文献馆藏为例，新移民较多的州要比较少外来移民的州拥有更为充足的非英语文献馆藏资源，昆士兰有近三分之一的居民都是来自英美或其他欧洲国家之外的新移民及移民子女，因此州立图书馆的非英语文献最为丰富。[①]这些文献不但丰富了图书馆的馆藏，也体现出澳大利亚对各移民自身文化的尊重。

三、丰富土著文化推广形式

土著人与土著社区是土著文化服务与推广的重点。土著特色文化馆藏建立的初衷就是为土著人进行文化传承和开展文化活动服务。以新南威尔士州立图书馆为例，为更深入地了解土著居民的需求，提供有针对性的资源和服务，该馆吸纳并培训了土著馆员，还成立了以土著馆员为基础的土著人协调和服务部，同时建立了由当地土著人组成的土著咨询委员会，为其图书馆土著文化阅读推广提供专业指导。[②]新南威尔士州立图书馆注重抢救与保护土著语言工作，依托广泛收集的土著语言、土著人图像信息和土著人文化历史资料，挖掘土著语言信息，建立了土著语言词汇数据库。通过社区活动普及土著语言知识[③]，为学校提供土著语言教育资源[④]，让土著语言不致被淹没在移民浪潮，使土著人对其语言的来龙去脉和历史变迁有所了解，从而实现对土著人及其土著文化的教育与推广。

土著人作为澳大利亚大陆的主人，在发展进程中逐渐被边缘化。向非土

---

① 张涛.澳大利亚公共图书馆多元文化服务述略［J］.山东图书馆学刊，2013（06）：14-23.

② 刘丽，张建中.图书馆少数民族特色文化资源建设及服务研究——基于澳大利亚新南威尔士州立图书馆土著文化建设的启示［J］.国家图书馆学刊，2017，26（06）：88-95.

③ 他山之石　可以攻玉——访澳大利亚新南威尔士州立图书馆有感［J］.浙江档案，2016（10）：21-24.

④ 刘丽，张建中.图书馆少数民族特色文化资源建设及服务研究——基于澳大利亚新南威尔士州立图书馆土著文化建设的启示［J］.国家图书馆学刊，2017，26（06）：88-95.

著人的大众展示土著文化是赢得大众认同、扩大土著文化影响力的另一重要举措，从侧面来说也是尊重文化多元性的具体体现。例如，新南威尔士州立图书馆采用印刷图册、数字展示、广播、定期展览等方式全面展示土著文化，为了达到更好的宣传效果，该馆还会邀请部分土著文化学者或土著文化表演者现场进行讲解或表演。其在 2011 年举办的新南威尔士西部原始文化的雕刻树展览中，就邀请了许多土著文化学者充当讲解员，为参观者进行讲解。此外，该馆还组织土著文化照片巡展等，激发当地居民对土著文化的兴趣，吸引更多人参与"国家土著历史和文化周"活动，对传承和发扬澳大利亚的土著文化发挥了很大作用。[①]塔斯马尼亚州立图书馆联合语言学家与商业公司开发出一种名为"北领区语言 — Anindilyakwa"的 App。Anindilyakwa 是居住在北领区格鲁特岛的土著居民，语言较为独特。该 App 收集了 20 余个 Anindilyakwa 日常用语，附加图示与英文释义，以此引起普通大众的兴趣，目前已开发出多个移动应用版本。

昆士兰州首府布里斯班城市图书馆针对儿童的多元文化服务活动也十分精彩。其服务体系内的分馆如 Inala 图书馆、Mitchelton 图书馆等都会展示一些土著与托雷斯海峡岛民作家的著作以及相关的纪录片，还会应用音乐欣赏和故事会的形式，专门向 2—5 岁的儿童介绍当地土著与托雷斯海峡岛民文化。[②]

面向有研究需求的专家学者，土著文化阅读推广的着重点则在于发挥图书馆专长，向他们提供研究资料。例如，新南威尔市州立图书馆积极开发馆藏土著语言相关文献资源，从馆藏目录中提取土著语言相关目录信息，制定语言资料清单，并在此基础上开发了土著语言网站，为土著语言学者提供了良好的资料收集平台。[③]

澳大利亚土著文化阅读推广活动大多是以馆藏作为依托，馆藏建设与阅读推广活动二者之间相辅相成，有机结合。

---

① 刘丽，张建中. 图书馆少数民族特色文化资源建设及服务研究——基于澳大利亚新南威尔士州立图书馆土著文化建设的启示［J］. 国家图书馆学刊，2017，26（06）：88-95.

② 张涛. 澳大利亚公共图书馆多元文化服务述略［J］. 山东图书馆学刊，2013（06）：14-23.

③ 刘丽，张建中. 图书馆少数民族特色文化资源建设及服务研究——基于澳大利亚新南威尔士州立图书馆土著文化建设的启示［J］. 国家图书馆学刊，2017，26（06）：88-95.

第五节　港澳台地区及海外图书馆的传统文化阅读推广的经验与启示

一、政府的重视与支持

传统文化阅读推广需要来自国家力量的倡导与支持。从"俄罗斯联邦文学年"的阅读推广经验来看，其活动的成功举办离不开政府领导高度重视以及国家力量的支持。

政府领导的高度重视体现在普京长期对俄罗斯传统文化的关注。2012年1月，时任俄罗斯总理的普京提出要汇编100本俄罗斯经典图书，让每一个俄罗斯的中小学生都能了解这些俄罗斯民族的优秀书籍以及所涉及的历史人物，以解决青少年的"文化贫血"现象，保持俄罗斯民族的文化传统。[①] 2014年3月，普京在俄罗斯文学会议上提议将2015年定为"俄罗斯文学年"，自此关于举办文学年的计划被正式提上议事日程。2014年6月12日俄罗斯联邦总统普京在"俄罗斯日"国家奖章颁奖仪式上宣布将实施"俄罗斯联邦文学年"活动，并于13日正式签署了2014年的《关于在俄罗斯全境举办俄罗斯文学年》426号总统令。从"俄罗斯联邦文学年"构想的提出，到开幕式、红场书展等活动，在文学年的系列阅读推广活动中，总统普京都亲自参与，凭借极高的国内支持率，普京无疑成为文学年最重要的阅读推广大使，他的事必躬亲和高度重视成为文学年运作的有力保障。

与此同时，"俄罗斯联邦文学年"的成功举办也离不开国家层面的倡导与支持，组织方成功调动了俄罗斯联邦各权力机构、各级政府部门、公共文化机构、教育机构、出版业、传媒、非营利性社会团体等各方力量参与，并以联邦政府拨款3亿卢布作为财政保障。2014年10月9日时任俄罗斯总理的梅德韦杰夫签署了1959号政府令：组建文学年组委会与确定其成员；指出由俄罗斯联邦新闻出版与大众传媒署为活动提供组织、技术保障；要求在2014年11月1日组建成组委会，并研究确定文学年活动的主要方案与内容。2014年10月29日俄罗斯联邦国家杜马主席、文学年组委会主席纳雷什金签署了俄罗斯联邦在2015年开展文学年基本活动方案，要求在全国范围内开展"俄罗斯联邦文学年"活动。[②] 这

---

① 张麒麟. 俄罗斯的阅读立法及其阅读推广实践［J］. 新世纪图书馆，2014（04）：20-22，56.

② 李红梅，董梦华. 以专题年形式促进图书与阅读文化发展——俄罗斯联邦"文学年"活动考察［J］. 高校图书馆工作，2016，36（04）：87-92.

些来自国家政令的要求，为"俄罗斯联邦文学年"的举办提供了有力支持。

二、社会力量的引入与参与

传统文化阅读推广同样需要社会力量的引入与参与。2015 年"俄罗斯联邦文学年"的主办机构除了国家权力与行政机关、公共文化机构、教育机构外，还包括了行业协会、基金会、志愿者团体等非营利性机构，指定的主办方包括有俄罗斯图书馆协会、俄罗斯出版商联盟、俄罗斯图书销售商协会、俄罗斯作家联盟、俄罗斯藏书家联盟等。这些社会力量与国家力量一起形成传统文化阅读推广的合力，多元阅读推广主体的通力合作有利地促进了"俄罗斯联邦文学年"的顺利开展。巴伐利亚州立图书馆与谷歌公司的合作也是引入社会力量的典例。如果单靠巴伐利亚州立图书馆一家机构实在难以负担其珍本古籍数字化所需的人力、物力成本，而谷歌公司具备资本，所缺的正是该馆丰富的馆藏资源，两者基于互利互惠的原则，对已过版权期的馆藏进行数字化扫描，可实现双赢。

三、尊重文化的多元性与包容性

传统文化阅读推广应尊重文化的多元性和包容性，阅读推广活动需因人、因地而异。

"因人而异"即针对不同群体采取组织不同活动。从香港针对未成年人的传统文化阅读推广活动经验来看，应当注重对未成年人的传统文化宣传与推广，采用未成年人喜闻乐见的活动形式，激发未成年人对传统文化的兴趣，进而促进未成年人对传统文化的了解，增强对传统文化的认同感。从澳大利亚图书馆土著文化推广的经验来看，该馆从服务政策的制定、馆藏建设和阅读推广方式都很好地履行了其公共服务职能，积极贯彻了多元文化理念。作为公共服务的重要部门，澳大利亚图书馆在土著文化推广领域的探索丰富了图书馆服务的方式，为不同历史背景的文化族群提供相应的信息服务，尤其在保存新移民与土著人文化并促进二者融入该国主流社会方面起到了不可替代的作用。我国少数民族的传统文化阅读推广工作可以适当借鉴。

"因地而异"即根据所在地的具体情况制定传统文化推广策略。从澳门图书馆的传统文化阅读推广经验来看，澳门作为中西文化汇聚地，形成的传统文化也兼具东方与西方特色。澳门图书馆在进行传统文化阅读推广活动时，并没有只着重于中国传统文化，而是在弘扬中国传统文化的同时，凸显澳门独特的中西交融文化。我国幅员辽阔，各地形成了独具特色的传统文化，因此在传统文化阅读推广时应当考虑到各地的传统文化渊源与特色，制定相应的阅读推广策略。

四、技术和理念的创新与运用

新技术的运用可创新传统文化阅读推广活动形式，为其注入新活力。台湾图书馆、巴伐利亚州立图书馆、澳大利亚图书馆在进行传统文化阅读推广时均运用了数字化技术，将馆藏文献数字化以供更多用户使用，为用户提供便捷。巴伐利亚州立图书馆和澳大利亚图书馆还结合了目前用户使用移动设备的偏好，制作了相应的手机或平板应用软件，主动将传统文化馆藏资源推介给用户。不仅如此，巴伐利亚州立图书馆还在数字人文领域积极探索，深挖馆藏的传统文化价值，"历史地图中的巴伐利亚"应用为用户提供了一种特殊的数字体验，用户可通过智能手机或者平板电脑浏览巴伐利亚的历史地图，古代与现代的地理交错仿佛穿越时空，开创了一种新颖的传统文化阅读推广方式。

五、在讲好中国故事的基础上开展不同文化间的平等对话

我国在进行传统文化阅读推广时不应只着眼于国内，更应放眼于世界。所谓"越是民族的，就越是世界的"，德国、俄罗斯、澳大利亚等国家的传统文化阅读推广活动并不局限于本国内，而是将活动范围扩大至全世界，选择最能代表本国特色的传统文化向全世界推广，提升本国传统文化在世界范围内的影响力。

我国传统文化积淀几千年并延续至今，是中华民族的根和魂。随着我国日益走近世界舞台中央，在弘扬与推广中华优秀传统文化时，要坚定文化自信，讲好中国故事，构建新时代具有中国特色的传统文化阅读推广体系。同时，要在讲好中国故事、展现中国形象的基础上开展不同文化间的平等对话，提升中华文化话语权，促进不同文化之间的交流互鉴，让传统文化成为构建人类命运共同体的重要黏合剂。

后　记

近年来，传统文化阅读推广逐渐引起各地图书馆的关注和重视，尤其是党的十八大以来，以习近平同志为核心的党中央高度重视中华优秀传统文化的创造性转化和创新性发展，《中华人民共和国公共图书馆法》《关于实施中华优秀传统文化传承发展工程的意见》等国家法律和政策文件都对图书馆开展传统文化阅读推广提出了要求和指引。如何结合这些要求和指引开展传统文化阅读推广活动，成了新时代图书馆推广全民阅读工作的重要一环，从而也带动了相关课题研究的开展。

深圳图书馆长期致力于传统文化阅读推广的研究与实践，创建了以推广经典阅读为主旨的新型阅读空间——南书房，研制"南书房家庭经典阅读书目"并制订十年发布计划，在每年世界读书日开展以中华经典为主要阅读内容的"共读半小时"活动，持续于每年农历新年期间开展"中国传统文化年"系列活动，组织规范化的古籍修复培训班和传统诗词、儒家文化、道家文化研修班，开展"深圳记忆"项目，等等，在空间打造、书目推荐、活动组织、古籍保护，以及地方历史文化挖掘和推广等方面都积累了一定的工作成效和经验。有见及此，作为"阅读推广人"系列教材之一的《传统文化与阅读推广》获中国图书馆学会委派，由深圳图书馆张岩馆长牵头负责组织编写。

本书是介绍传统文化阅读推广的普及性读物。全书以传统文化阅读推广的重要意义、发展现状、资源建设、活动组织、空间打造等基本理论与操作方法为基础，并结合中外，从地方历史文化和境外经验启示两个角度进行内容延伸，以帮助图书馆人进一步开展传统文化阅读推广工作。

为了更好地完成本书的编写工作，深圳图书馆组织了以深圳图书馆业务骨干为主要力量的编写团队。全书共分为六讲，各讲具体编写人员如下：

第一讲，李嘉荣；第二讲，王军武；第三讲，王海涛；第四讲，肖永钐；第五讲，肖更浩；第六讲，林琳。

全书由张岩负责统筹策划并定稿，肖容梅负责编撰组织工作并对各阶段文本提出了审稿意见及修改建议，李嘉荣、肖永钐协助完成统稿工作。

本书编写过程中，澳门文化局公共图书馆、香港中央图书馆、山东省图书馆、福建省图书馆、浙江省图书馆、太原市图书馆、深圳少年儿童图书馆、惠州慈云图书馆、同济大学图书馆、华南师范大学图书馆等兄弟单位提供了宝贵的一手资料；朝华出版社的编辑老师对书稿后期编辑提出了诸多建议，一并致以由衷谢意！

编者

2020 年 10 月 13 日